LTr

Psicologia

realmente

Aplicada ao Direito

Lila Spadoni

Professora de Psicologia Aplicada ao Direito, na Faculdade de Direito do Centro Universitário UniEvangélica — Anápolis — GO. Mestre em Psicologia pela Universidade Católica de Goiás. Doutoranda em Psicologia na Université Sorbonne. Membro do laboratório de processos psicossociais da Universidade Católica de Goiás e do Laboratorie de Psychologie Environementale.

Psicologia realmente Aplicada ao Direito

EDITORA LTr®
SÃO PAULO

Dados Internacionais de Catalogação na Publicação (CIP)
(Câmara Brasileira do Livro, SP, Brasil)

Spadoni, Lila
Psicologia realmente aplicada ao direito / Lila Spadoni. — São Paulo : LTr, 2009.

Bibliografia.
ISBN 978-85-361-1343-2

1. Direito – Aspectos psicológicos 2. Psicologia forense I. Título.

09-03483 CDU-34:15

Índices para catálogo sistemático:

1. Psicologia aplicada ao Direito 34:15

LTr
EDITORA LTDA.

Rua Apa, 165 — CEP 01201-904 — Fone (11) 3826-2788 — Fax (11) 3826-9180
São Paulo, SP — Brasil — www.ltr.com.br

LTr 3800.3 Maio, 2009

Agradecimentos

Esse livro foi possível graças a minha vinda para a França, pois, aqui, tive tempo de estudar e refletir. Aqui, também, tive fácil acesso à literatura mundial sobre esse tema que sempre me interessou. Portanto gostaria de iniciar agradecendo a todos que me incentivaram a vir. Primeiramente, agradeço aos meus pais (inclusive tenho de ressaltar que sou filha de escritor!), aos meus irmãos, meus amigos e toda a família. Um especial agradecimento ao meu esposo e aos meus dois filhos: Maria Luiza e Pedro.

Ainda agradeço à Associação Educativa UniEvangélica, que me cedeu uma bolsa por intermédio da fundação FUNADESP, também dos meus professores, colegas e alunos que foram inspiração constante para esse trabalho.

Enfim, agradeço ao eterno Deus que tornou tudo isso possível!

SUMÁRIO

Apresentação

A partir da resolução CNE/CES n. 9 de 29 de setembro de 2004, o conteúdo do curso de Direito foi dividido em três eixos: formação fundamental, formação profissional e formação prática. A psicologia, pela primeira vez, foi citada como parte do eixo de formação fundamental para os cursos de Direito. Até então, a psicologia nunca participou dos currículos mínimos que a legislação estabelecia.

Esse fato demonstra o reconhecimento das contribuições que a psicologia pode oferecer à prática do Direito. Demonstra também a evolução dessa interdisciplinaridade entre esses dois campos de conhecimento, que tem provocado um crescente interesse tanto por parte dos psicólogos quanto por parte dos operadores do Direito.

A partir de então, as faculdades de Direito — que já se adequaram a essa resolução, reformando seus currículos — incluíram disciplinas com conteúdos da psicologia. Grande parte delas incluiu uma disciplina de psicologia nos primeiros anos do curso, que geralmente é nomeada de *Psicologia Aplicada ao Direito*. Outra parte optou por incluir, como optativa, a disciplina *Psicologia Jurídica*.

A questão foi colocada, então, aos futuros professores dessa disciplina: qual seria o conteúdo da psicologia que deveria ser ensinado para contribuir com a formação fundamental do aluno de Direito? As soluções mais comuns foram dadas a partir de duas áreas distintas da psicologia. De um lado, a psicologia clínica propõe conteúdos tais como teorias da personalidade, algumas aplicações clínicas às situações jurídicas, como, por exemplo, a confecção de laudos, as entrevistas, os testes e técnicas psicológicas, ou algumas aplicações à área do Direito de Família ou Criminal. Por outro lado, a psicologia social propõe conteúdos tais como a categorização social, a estigmatização e os processos grupais, a fim de enriquecer debates relativos à reinserção social dos presidiários, questões sociais e familiares e etc.

A ausência de literatura apropriada e disponível em português é flagrante. Quando comecei a lecionar essa disciplina, comecei também uma pesquisa com o objetivo de encontrar o conteúdo mais apropriado e recente da psicologia científica e mundial que realmente pudesse contribuir com a prática jurídica. Depois de alguns anos de trabalho, posso apresentar uma proposta inteiramente baseada na literatura da psicologia social em língua inglesa e francesa, que nos oferece um conteúdo perfeitamente aplicado e, ao mesmo tempo, reflexivo sobre a prática do Direito em suas diversas áreas.

A partir da investigação cientifica a respeito das concepções humanas sobre justiça, ou sobre aquilo que os franceses nomeiam de "pensamento social", muitas questões relativas à prática do Direito foram esclarecidas, algumas delas diretamente ligadas aos processos jurídicos ou à função normalisadora do Direito na sociedade.

Algumas contribuições da psicologia americana foram inspiradas no ensejo de efetivamente contribuir para a construção de um poder judiciário que respondesse às necessidades do cidadão, ou seja, que contribuísse para criar "uma cultura pró-social" e para aumentar a legitimidade do poder judiciário e, consequentemente, de suas autoridades junto aos cidadãos. Por isso, os americanos se preocuparam em investigar os fatores que levam as pessoas a considerarem justos os processos que resultam em distribuição de bens ou em punição de alguns cidadãos.

A psicologia francesa abordada nesse livro não é diretamente relacionada à justiça. Mas consideramos que a recente teoria das representações sociais, principalmente em sua abordagem estrutural, pode explicar algumas facetas das concepções de justiça que circulam nos diferentes grupos sociais. Para isso, nós partimos do pressuposto de que as concepções de justiça fazem parte do pensamento social — desde as mais ingênuas e simplistas do senso comum até as elaborações mais complexas das doutrinas jurídicas sobre a legislação.

Enfim, apresentamos uma proposta de ensino da psicologia nos cursos de Direito que considere as concepções humanas sobre a justiça enquanto ponto de partida para múltiplas relexões sobre a prática cotidiana do Direito.

Entendemos que, assim, o ensino da psicologia pode efetivamente colaborar não apenas na formação básica dos alunos, mas também na reflexão diária dos profissionais.

INTRODUÇÃO

O Direito e a Psicologia! Já faz algum tempo que existem diferentes tentativas de articular esses dois campos do conhecimento. As tentativas mais numerosas e conhecidas provêm da psicologia clínica, sobretudo da prática de laudos que auxiliam os processos de decisões dos juízes, tais como guarda da criança, abusos e violência familiar, casos de drogadição ou de comportamentos considerados estranhos e muitos outros. Atualmente podemos considerar que a psicologia tem servido como uma ferramenta de facilitação do trabalho do poder judiciário.

Mas ainda resta desconhecido e inexplorado um enorme campo de conhecimento que abrange, em conjunto, essas duas áreas. Como professora de Psicologia aplicada ao Direito, pude perceber a necessidade de explicações de cunho psicológico para várias questões levantadas a partir da prática cotidiana do direito. Percebi também que essas questões têm as concepções de justiça como uma espécie de fundamentação em comum. São questões como: a pobreza pode levar alguém a se tornar um delinquente? Por que as pessoas se demonstram sempre insatisfeitas com as decisões judiciais? Qual a finalidade das várias formas de punição penal? Cada pessoa tem uma compreensão do que é justo e do que é injusto? Ou existem concepções gerais daquilo que é justo ou injusto? Por que muitas leis nunca saem do papel? Por que é tão difícil fazer as pessoas cumprirem uma nova lei? Por que as leis têm que ser mudadas de tempos em tempos? Como lidar com as atitudes, opiniões, comportamentos e condutas das pessoas em relação à justiça?

Neste livro tentaremos responder a estas perguntas através das teorias da psicologia social sobre as concepções da justiça. Isto significa que vamos explorar as explicações psicológicas a respeito do pensamento e do comportamento das pessoas, quando estes envolvem a compreensão e o julgamento do que se considera socialmente justo.

Partimos do pressuposto de que as concepções de justiça se organizam numa estrutura complexa de ideias, que são, de início, historicamente herdadas, mas que sofrem adaptações e consequentes mudanças a partir da experiência do indivíduo e dos grupos.

No primeiro capítulo, começamos a apresentar as contribuições da psicologia americana que vão desembocar nas investigações sobre as concepções de justiça.

A situação social e econômica da época contribuiu no sentido de levar os psicólogos a procurarem uma solução para a insatisfação geral da população com as condições de trabalho. Esse início trouxe um esclarecimento importante sobre o papel da pobreza e da privação na vida das pessoas que pode esclarecer também aspectos da delinquência.

No segundo capítulo, apresentamos as contribuições de um campo específico de pesquisas conhecido como "psicologia social da justiça". Este campo possui uma história própria e introduz questões de suma importância para a psicologia e para o direito. Esta história começa com o fim da II Guerra Mundial, com investigações científicas a respeito da justiça na distribuição de riquezas nos Estados Unidos da América. Posteriormente, já na década de 1970, os psicólogos americanos passam a se preocupar com os procedimentos de decisão que provocam um sentimento maior de justiça nas pessoas envolvidas. E, recentemente, surgiu a preocupação com a retribuição relacionada principalmente à punição.

Utilizamos exemplos práticos e fazemos aplicações destas teorias para discutir o sentimento de justiça ou injustiça frente à remuneração profissional, os fatores que podem influenciar as pessoas a se sentirem mais satisfeitas com as decisões jurídicas, o papel da detenção e da reeducação, além de discutir também o papel educativo do Estado.

No terceiro capítulo, apresentamos ainda uma teoria americana conhecida como crença no mundo justo. Essa teoria tem sido um campo de investigação muito explorado em vários países do mundo. Ela esclarece a reação das pessoas frente às injustiças, bem como a interpretação que as pessoas fazem dos acontecimentos fortuitos ou infelizes da vida. Utilizamos essa teoria como exemplo para introduzir os níveis de análise que a psicologia pode usar para explicar um fenômeno. Isto porque estes níveis de análise vão ajudar na compreensão dos aspectos das concepções de justiça que são universais e também daqueles aspectos que são regionais. Este capítulo traz uma consideração importante sobre a tendência que as pessoas têm de desvalorizar, ou mesmo de culpar, as vítimas de acontecimentos injustos.

No quarto capítulo, apresentamos uma abordagem da psicologia social francesa sobre os processos psicossociais que interferem na dinâmica da promulgação e cumprimento das leis. Sobretudo, discutimos por que muitas leis enfrentam uma grande resistência da população, principalmente aquelas que pretendem modificar comportamentos já estabelecidos socialmente. Para isso, apresentamos a teoria das representações sociais que é, sem dúvida, um dos avanços mais importantes da psicologia social no século XX. Delineamos a relação entre as mudanças e as práticas sociais já estabelecidas, no sentido de esclarecer os processos envolvidos na promulgação e no cumprimento de uma lei que prescreve a mudança de condutas já enraizadas na cultura popular.

No quinto capítulo, discutimos a organização de alguns dos principais conceitos da psicologia social tais como as atitudes, opiniões, crenças, valores, normas, representações sociais e tematas. Esses conceitos vão mostrar como o pensamento social gera processos de definição daquilo que é considerado justo ou injusto. Como esses processos são dinâmicos, a sociedade está sempre modificando suas concepções de justiça a respeito de situações cotidianas específicas. Consequentemente, as leis são modificadas a fim de atender as mudanças sociais.

Para finalizar, no sexto capítulo expomos a organização das concepções de justiça a partir de duas oposições temáticas. De um lado, a justiça e a injustiça, que dá significado às avaliações que as pessoas fazem das situações vividas e das condutas humanas. Mas, por outro lado, demonstramos que isso se faz de maneira conjunta com a noção de igualdade e desigualdade. Essas quatro noções organizam as concepções de justiça do homem do século 21.

CAPÍTULO I

O NASCIMENTO DAS TEORIAS PSICOLÓGICAS SOBRE A JUSTIÇA

Alguns psicólogos começaram a investigar sobre a importância da justiça para o ser humano. Eles definiram a justiça como um conceito socialmente criado para equacionar os problemas provenientes da divisão de bens e recursos entre os indivíduos e os grupos. Mas podemos pensar que a justiça não se reduz simplesmente à repartição de recursos, e essa é uma questão para a filosofia e não para a psicologia. Inicialmente os psicólogos consideraram a justiça como um meio de resolver os conflitos provenientes dessa característica das relações humanas, que é a repartição de bens. Se pensarmos bem, vamos perceber que esses conflitos estão em quase todos os campos da vida humana e geram ideias socialmente compartilhadas muito diversas e complexas.

Vejamos alguns exemplos: dentro de uma empresa existe um grupo de pessoas que trabalham para gerar alguns recursos, no entanto, existem vários princípios de justiça que regulamentam como esses recursos vão ser divididos. A pessoa responsável pela correspondência não ganha a mesma quantidade de recursos que o diretor geral, pois está subentendido que um merece ganhar mais do que o outro. É o princípio da equidade, que veremos mais tarde.

Da mesma forma, quando as pessoas se casam, existem princípios ou leis que vão regulamentar como vai ser feita a distribuição de recursos durante e — no caso de divórcio — depois do casamento. Existem casais que acham mais justo que os cônjuges dividam todas as despesas e, em outros casos, é o homem que se encarrega da parte financeira. No caso de um divórcio, existem as leis e a intermediação de um juiz a fim de buscar a divisão mais justa possível dos recursos, dos privilégios e obrigações próprias da educação dos filhos do casal.

A experiência de dividir bens é comum a todos os grupos de seres humanos e começa desde a tenra infância. Ela faz parte da socialização da criança e acompanha o indivíduo durante todas as fases da vida. Ela também participa de diferentes campos da vida das pessoas, tanto na vida afetiva entre família, entre cônjuges, entre amigos, quanto no mundo do trabalho entre colegas, no próprio mercado de trabalho.

Podemos compreender então que os homens constroem regras sobre a justiça que parecem teorias bem elaboradas e que são compartilhadas socialmente a fim de solucionar os problemas que surgem na vida cotidiana, quando se tem a necessidade de dividir algo. Tanto na vida privada quanto na vida pública, a questão da justiça se impõe a cada momento, em diversas situações e, para isso, as pessoas utilizam tanto princípios de justiça presentes no conhecimento popular quanto leis já institucionalizadas.

A justiça compreendida enquanto um conceito socialmente criado é útil quando esse conceito é compartilhado por pessoas e por grupos diversos e, por isso, facilita o entendimento entre eles. Quanto mais um grupo compartilha as mesmas ideias sobre a justiça e a divisão de bens, mais esse grupo vai se entender. Um aspecto essencial da justiça é que ela separa o que é justo daquilo que é vantajoso e por isso ela funciona como um facilitador para as relações entre as pessoas e os grupos. Imagine um grupo em que todo mundo só procura vantagens pessoais e você vai perceber que logo vão surgir conflitos insolúveis. As concepções de justiça vão balancear o desejo de obter vantagens pessoais com princípios tais como o mérito, a necessidade e a igualdade.

Para os psicólogos, no entanto, não é tão importante definir o que é a justiça, pois o que realmente nos interessa é saber como as pessoas constroem e utilizam cotidianamente as concepções de justiça. E também compreender como essas concepções de justiça influenciam os pensamentos, os sentimentos e os comportamentos das pessoas nas diversas situações da vida. Isso é muito importante para a psicologia enquanto ciência pura, pois temos como objeto de estudo os comportamentos e os processos mentais. Também é importante para a psicologia enquanto ciência aplicada, pois a partir desse conhecimento podemos fornecer subsídios para resolver muitos problemas sociais, inclusive alguns problemas do Direito.

Podemos considerar que o Direito tenta normatizar o comportamento humano a fim de controlá-lo e essa tarefa pode ser feita com mais competência se conhecermos como as concepções e as preocupações das pessoas em relação à justiça influenciam os comportamentos e os processos mentais que os regem. Normatizar as condutas não é tarefa exclusiva do Direito, pois existem várias formas de pensamento socialmente compartilhado que impõem normas de comportamento. Não existem leis que determinam o que devemos vestir em cada ocasião, no entanto, sabemos exatamente como devemos nos vestir numa ocasião mais formal ou na praia. Não existem leis que estipulam como devemos cumprimentar as pessoas, mas sabemos exatamente quem devemos tratar de senhor ou senhora, se devemos apenas cumprimentar com um aperto de mão ou se podemos trocar beijinhos. Isso tudo demonstra que existem normas de comportamento que obedecemos sem nem mesmo perceber. São prescrições de comportamento socialmente construídas a fim de promover a convivência das pessoas e dos grupos. Existe muito pouco de originalidade nos nossos comportamentos. Nesse sentido, a psicologia e o direito caminham juntos, ou pelo menos perpendicularmente, pois enquanto a psicologia se esforça em compreender as condutas humanas, o direito se preocupa em controlá-las.

A PRIVAÇÃO RELATIVA

A primeira onda de pesquisas da psicologia sobre a justiça começou com o conceito de privação relativa, durante o período posterior à Segunda Guerra Mundial. Elas tentavam explicar os comportamentos de revolta e de rebelião, pois existia uma grande insatisfação com os pagamentos, muitas greves e sabotagens nos Estados Unidos. Por isso, a psicologia americana da época se preocupou muito com os aspectos negativos do comportamento das pessoas em face ao que elas recebiam como recompensa pelo trabalho. Os psicólogos da época tentavam compreender por que as pessoas estavam tão insatisfeitas com o que ganhavam e com suas condições de trabalho. As pesquisas demonstravam que as pessoas que se engajavam em protestos coletivos e rebeliões não eram as pessoas em maior desvantagem social, mas aquelas que se comparavam com outros grupos mais privilegiados. E por isso eles perceberam que ganhar mais dinheiro não aumenta necessariamente a satisfação das pessoas, pois existe outro fator que pode intervir na situação, e esse fator é a comparação social.

Eles perceberam também que a insatisfação das pessoas não era proporcional ao que elas ganhavam, pois, tanto os que ganhavam mais quanto os que ganhavam menos se demonstravam insatisfeitos. E foi então que surgiu a teoria da privação relativa apresentada por Stouffer e colegas pela primeira vez em 1949.

A teoria da privação relativa afirma que a satisfação ou insatisfação das pessoas, nas situações sociais, não são diretamente relacionadas à objetiva qualidade de suas recompensas ou riquezas, mas são socialmente determinadas pela comparação social entre suas recompensas e uma espécie de padrão que essa pessoa adota. Ou seja, quanto mais altos são os padrões sociais que a pessoa adota, maior a insatisfação com aquilo que ela ganha. Por exemplo: uma pessoa que ganha um salário mínimo vai se sentir mais satisfeita com o que ganha se ela se comparar com outras pessoas que ganham o mesmo valor, do que se ela se comparar com o vizinho que ganha três salários.

Uma pessoa do campo, que tem muito pouco dinheiro e bens, pode estar mais satisfeita com o que ganha do que alguém da cidade, que ganha mais e, no entanto, convive com uma exposição intensa de bens de consumo que lhe são inacessíveis. Um adolescente do campo, portanto, pode não se sentir tentado a roubar para se sentir igual aos demais, enquanto que um adolescente das periferias das grandes cidades pode se sentir extremamente privado de bens que para ele parecem essenciais, tais como acessórios da moda, aparelhos eletroeletrônicos, etc. Lembrando que da insatisfação à criminalidade existe um caminho a percorrer que nem sempre é percorrido. A criminalidade não possui uma única causa. Portanto, desfazemos a velha crença de que a pobreza em si leva uma pessoa à criminalidade, pois não é a pobreza objetiva, mas o quanto a pessoa se sente privada de bens quando ela se compara aos demais. E por isso podemos afirmar que a desigualdade social, a diferença exacerbada entre ricos e pobres, pode sim levar a um aumento da criminalidade.

Em resumo, a privação relativa acontece quando julgamos que alguém é pior do que outras pessoas, que vivem dentro de outros padrões sociais, sendo que esses julgamentos podem causar raiva e ressentimento.

O ponto central desse conceito é a escolha das referências de comparação. Pessoas com o mesmo potencial podem se sentir muito felizes e satisfeitas ou completamente infelizes e insatisfeitas, dependendo com quem elas se comparam.

As pessoas podem ter vários referenciais de comparação. Elas podem se comparar consigo mesmas ou com outras pessoas. Quando elas se comparam consigo mesmas, isso significa que elas têm como referência uma outra situação de seu passado ou expectativas quanto ao seu futuro. Podemos citar como exemplo a pessoa que sempre aumenta o nível de suas expectativas enquanto sua capacidade de alcançá-las não aumenta na mesma medida, o que termina por causar uma grande insatisfação. Por outro lado, uma pessoa com o mesmo padrão social pode agir favoravelmente a uma condição objetiva desfavorável, se ela se comparar com algum ponto do passado ou futuro ainda pior que o presente.

Suponhamos que duas famílias se mudam ao mesmo tempo para um condomínio residencial popular. A primeira família pode ver essa mudança como um aumento de *status* e de conforto enquanto que a segunda família pode ver essa mudança como uma espécie de decadência social. Isso vai depender de qual era a situação de cada família anteriormente.

Quando as pessoas se comparam considerando-se como membros de um grupo, elas podem se comparar com as experiências passadas do grupo, com outros grupos ou com as expectativas futuras deste grupo. As diferentes categorias profissionais, por exemplo, podem se sentir desvalorizadas quando se comparam as outras, no entanto, se tiverem como referência uma situação passada podem perceber que houve progressos no reconhecimento da profissão. Isso acontece muito em relação às novas profissões, no entanto, podemos perceber o contrário, quando pegamos como exemplo as profissões mais clássicas. Veremos que esses profissionais tendem a reclamar das condições de trabalho atuais, comparando com o prestígio que tinham alguns anos atrás.

COMPARAÇÕES	SITUAÇÕES DO PASSADO	PERSPECTIVAS DO FUTURO
DA PESSOA CONSIGO MESMA	X	X
DA PESSOA COM OUTRAS PESSOAS		
DE SEU GRUPO COM ELE MESMO	X	X
DE SEU GRUPO COM OUTROS		

Em resumo, as pessoas ou os grupos quando se comparam com eles mesmos usam como referência situações do passado ou perspectivas sobre o futuro. Mas as pessoas ou os grupos podem também se comparar com outras pessoas ou outros grupos.

TOLKIEN IS HOBBIT-FORMING

OUTONO.2013

Para finalizar, temos que fazer três considerações. A primeira é que as pessoas têm comparações preferenciais crônicas, ou seja, alguns padrões que as pessoas adotam durante um longo período de vida e tendem a permanecer neles. Se uma pessoa tende a se comparar com um determinado grupo de amigos, ela vai manter esse padrão de comparação durante um longo período de tempo ou mesmo por toda vida, sendo que ela só vai mudar caso aconteça algo, ou seja, uma situação que torne essa mudança imperativa.

A segunda consideração é que o contexto influencia enormemente nessa escolha, ou seja, cada pessoa tem sua história e sua experiência e a partir disso é que ela vai estabelecer seus parâmetros de comparação. O que significa dizer que uma pessoa do interior do Brasil nunca vai ter como padrão de comparação os engenheiros da Nasa!

E o terceiro e último ponto é que a maioria das ideias sobre privação relativa é incompleta enquanto teorias de justiça, pois elas assumem que as pessoas estão preocupadas com a decalagem entre o que recebem e algum padrão que adotam, mas nem sempre esses padrões estão ligados à justiça. Isso acontece somente quando elas consideram o merecimento como um mediador central. Só então é que elas se tornam teorias da justiça. Ou seja, somente quando elas consideram que as pessoas não apenas se sentem insatisfeitas com o que ganham, mas que elas se sentem, sobretudo, injustiçadas. Afinal, podemos conviver com uma grande desigualdade social, sentindo-nos extremamente insatisfeitos com ela sem, no entanto, nunca questionar se ela é justa ou não, merecida ou não, sem, portanto, nos sentirmos injustiçados.

Por esse motivo, a teoria da privação relativa é considerada como uma precursora das teorias psicológicas da justiça sem, entretanto, ser considerada uma delas. Ela foi sem dúvida aquilo que despertou o interesse dos psicólogos para a questão da justiça enquanto um possível objeto de estudo da psicologia. Mas foi somente a partir do momento em que a questão do merecimento entrou em pauta que podemos considerar o início desse profícuo campo de estudos. Isso aconteceu quando os psicólogos começaram a estudar a justiça distributiva, que trataremos no próximo capítulo.

CAPÍTULO II

AS TRÊS ONDAS DA PSICOLOGIA SOCIAL DA JUSTIÇA

A PRIMEIRA ONDA: A JUSTIÇA DISTRIBUTIVA

Logo que o merecimento foi colocado como questão primordial da teoria da privação relativa, surgiu o primeiro modelo de justiça distributiva, que foi chamado de teoria da equidade. Como a ênfase era no que as pessoas recebiam como resultado da distribuição dos recursos, essa preocupação das pesquisas psicológicas foi nomeada de justiça distributiva. Ou seja, quando vemos uma pesquisa ou um texto que trata da justiça nos resultados, dizemos que é sobre a justiça distributiva, para se contrapor à justiça dos procedimentos que caracteriza a segunda onda, que veremos a seguir.

Chamamos a justiça distributiva de primeira onda das pesquisas sobre psicologia social da justiça. Isso porque ela tem a preocupação em investigar a satisfação nos resultados da distribuição de bens e riquezas. Utiliza-se a palavra "onda" para caracterizar uma fase de investigações e de discussões teóricas intensas sobre esse tema. O tema ainda não foi esgotado, e até hoje existem estudos valiosos sobre justiça distributiva. Mas posteriormente surgiram novos temas e preocupações, que também caracterizaram fases de intensas investigações, que veremos a seguir, como a justiça procedural e a justiça retributiva.

A TEORIA DA EQUIDADE

Começaremos então pela teoria da equidade que é considerada a teoria pioneira dentre as teorias psicológicas sobre a justiça distributiva. Ela foi apresentada pela primeira vez por *Adams* em 1965, mas depois foi objeto de muitos estudos, por diversos autores. Ela parte do princípio de que o injusto é o desproporcional. Mas o que é desproporção? Podemos dizer que é uma espécie de desequilíbrio entre a recompensa recebida e o merecimento. Por exemplo: se eu peço para duas pessoas, com as mesmas capacidades, realizarem uma tarefa em conjunto, mas eu percebo que a primeira pessoa contribuiu duas vezes mais que a segunda na realização da tarefa, logo eu posso concluir que a primeira pessoa merece uma recompensa duas vezes maior que a segunda pessoa. Mas o que acontece se eu der a mesma recompensa para as duas pessoas? Provavelmente vai surgir um mal-estar, um desconforto que podemos chamar de sentimento de injustiça.

É exatamente isso que explica a teoria da equidade, ou seja, quando a pessoa percebe que o princípio da equidade foi infringido e que as partes envolvidas não obtiveram ganhos que correspondem à situação, acontece um desconforto psicológico. Esse desconforto vai levar a pessoa a tentar restabelecer a proporcionalidade, seja compensando ou justificando o erro.

Quando a pessoa faz algo para reparar essa desproporcionalidade, como, por exemplo, redistribuindo as recompensas ou dando uma recompensa extra àquele que contribuiu mais, dizemos que essa pessoa compensou ou desfez a desproporcionalidade.

Mas muitas vezes as pessoas restabelecem a desproporcionalidade criando justificativas, como, por exemplo, achando defeitos no trabalho daquele que contribuiu mais, ou criando desculpas para aquele que produziu menos. Ou seja, as pessoas desfazem a desproporcionalidade apenas psicologicamente, a fim de fugir do desconforto psicológico.

Essa teoria tem recebido algumas críticas e atualmente já se sabe que a equidade é apenas um dos princípios da justiça distributiva, pois, como discutiremos posteriormente, existem outros princípios que quando quebrados também caracterizam a injustiça, como o princípio da igualdade, da necessidade e o princípio das leis.

Vamos recapitular para entender melhor a evolução da teoria da privação relativa até a teoria da equidade. Inicialmente, na década de 1950, a teoria da privação relativa predizia que o comportamento e a satisfação com os resultados não estavam diretamente relacionados aos resultados objetivos, mas a como esses resultados são percebidos quando comparados a determinados padrões de comparação que a pessoa estabelece para si. Posteriormente, na década de 1960, a teoria da equidade acrescenta que há um critério para essas comparações, e esse critério é a equidade.

Por exemplo, uma secretária vai sentir raiva quando comparar seu salário com outra secretária que faz o mesmo trabalho e ganha mais. No entanto, ela não vai demonstrar insatisfação quando comparar seu salário com um salário de diretor, mesmo que ele ganhe muito mais do que ela. Isto significa que ao estabelecer seus próprios padrões de comparação, essa secretária utiliza o princípio da equidade, estabelecendo uma proporcionalidade entre o trabalho e o ganho, entre o merecimento e os resultados.

Essa teoria foi inicialmente restringida aos ambientes de trabalho, mas depois foi estendida para diversas situações da vida humana. Por exemplo, muitos estudos foram feitos sobre o efeito da equidade nos relacionamentos amorosos. *Clark* e *Chrisman* (1994) concluíram, através de uma pesquisa, que os membros de casais que percebem possuir uma relação equitativa tendem a permanecer casados por mais tempo e são menos propensos a relações extraconjugais. Uma relação amorosa equitativa pode ser descrita como uma relação onde cada um sente que recebe do relacionamento na mesma medida em que contribui para ele.

CRÍTICAS E PROBLEMAS DA TEORIA DA EQUIDADE

Alguns pontos devem ser considerados quando tratamos da teoria da equidade. O primeiro deles é que a equidade é um conceito relativo que depende diretamente da interpretação das pessoas sobre uma situação. Isto significa que aquilo que parece perfeitamente equitativo para uma pessoa pode não ser para outra.

Na justiça do trabalho, por exemplo, o montante que cabe ao empregado pode parecer extremamente justo para o patrão e totalmente equivocado para o empregado ou vice-versa. Na justiça da família, o que parece equitativo para um cônjuge pode parecer injusto para o outro, num caso de divisão de bens no divórcio. E mesmo nas relações interpessoais cotidianas, um filho pode achar que não recebe a atenção que merecia, ou um cônjuge, um amigo e assim por diante.

Além disso, temos também os casos das pessoas que sempre exageram no valor de suas contribuições e por isso exageram também naquilo que elas acham que merecem. São pessoas que dificilmente entram num acordo e que estão sempre causando conflitos. Esse fenômeno foi estudado por *Schlenker* e *Miller* em 1997 e foi nomeado por eles de *self-serving bias.*

Portanto, um ponto que dificulta a compreensão dessa teoria é a subjetividade e a grande variabilidade entre o que cada pessoa compreende como justo. Os parâmetros que cada pessoa utiliza para definir o que é proporcional, em cada caso, não é passível de nenhuma medida objetiva.

Outro ponto a ser levantado é que alguns autores também questionam se o desconforto causado pela injustiça vai realmente levar as pessoas a tentarem restaurar a proporcionalidade dos ganhos. Vale ressaltar que vários estudos têm demonstrado que nem sempre as pessoas vão se sentir desconfortáveis com as injustiças e por isso nem sempre tentarão restaurar a justiça. Um bom exemplo é o estudo de uma psicóloga brasileira chamada *Assmar* que investigou, em 1997, a experiência da injustiça em adolescentes, universitários e trabalhadores brasileiros e verificou que eles tendem a se resignar diante da injustiça. Ou seja, esses brasileiros que participaram dessa pesquisa tendem a aceitar passivamente as injustiças, contrariando a teoria da equidade que diz que as pessoas sempre tendem a restaurar a justiça de forma real ou apenas psicologicamente.

Outro psicólogo chamado *Mikoula* considerou que a experiência da injustiça acontece quando a expectativa sobre uma regra não é confirmada e por isso causa uma insegurança que pode ser considerada proveniente da sensação de perda de controle. Ou seja, se esperamos que nosso esforço vai ser recompensado de uma determinada forma, mas ele não é, vamos sentir insegurança por perceber que não sabemos quais as regras que estão em jogo, isto é, vamos perceber que não sabemos controlar a situação. A intensidade desse sentimento de insegurança vai depender do quanto a situação é importante para nós.

Para *Mikoula*, não é a desproporcionalidade que vai causar um simples desconforto como pressupõe a teoria da equidade, mas é a diferença entre a expectativa do indivíduo e a realidade de suas recompensas que vão dar início a um sentimento de insegurança.

Mas apesar dessas discordâncias, a teoria da equidade levantou questões muito importantes abrindo espaço para novos questionamentos, inclusive sobre a existência de outros princípios de justiça. A equidade tem sido sempre considerada como um princípio de justiça que é utilizado em diversas situações.

Outros princípios de justiça foram encontrados. Pois quando as pessoas se deparam com uma situação de distribuição de recursos, sejam eles materiais ou não, elas utilizam também outras regras a fim de avaliar e decidir a maneira mais justa de fazer essa divisão.

Portanto, vamos agora considerar os diferentes princípios de justiça que foram encontrados nas pesquisas psicológicas sobre as concepções de justiça distributiva.

OS PRINCÍPIOS DA JUSTIÇA DISTRIBUTIVA

A partir de várias pesquisas, com vários tipos de participantes de várias nacionalidades, os psicólogos identificaram alguns princípios que funcionam como regras gerais que regem os julgamentos de justiça distributiva das pessoas:

- Princípio da equidade — de acordo com esse princípio, os recursos são divididos de acordo com os investimentos ou merecimento. Ou seja, quem contribui mais, recebe mais. É a lógica básica do mundo dos negócios, cada um tenta conseguir o que quer usando suas habilidades e condições sociais. Como no exemplo que citamos acima, uma pessoa que tem maior nível de escolaridade vai ter um trabalho que exige maior responsabilidade e por isso vai receber um salário maior. Um empresário que tem capital vai investir num negócio como sócio majoritário e por isso vai receber maior parte dos lucros. Um vendedor que vendeu mais vai receber mais do que o outro que vendeu menos. Esse tipo de justiça predomina no mundo dos negócios e do trabalho, mas isso não significa que ela não possa ser utilizada em outros setores, pois como vimos anteriormente, ela também é muito utilizada nas relações sociais.
- Princípio da igualdade — de acordo com esse princípio, os recursos são divididos em partes iguais entre os membros de um grupo. Cada um recebe a mesma coisa que o outro. Como no caso de uma herança em que cada filho herdeiro receberá uma parte igual dos bens dos progenitores. Ou da empresa em que não importa o quanto cada um produziu, pois o salário é o mesmo para todos. Esse tipo de justiça é muito pouco utilizado, sendo mais aplicado a situações familiares ou de pequenos grupos onde predomina um sentimento de unidade.
- Princípio da necessidade — os recursos são divididos de acordo com as necessidades de cada um. Quem precisa de mais, recebe mais. Esse princípio

é muito utilizado na esfera política e social, ou seja, nas situações em que o Estado dirige recursos para auxiliar pessoas desprivilegiadas que necessitam de uma ajuda maior do Estado. Podemos citar como exemplo a maioria dos programas sociais dos governos tais como cestas básicas, doação de recursos financeiros, bolsas de estudo, etc. Podemos também citar um tema polêmico como o das ações afirmativas. As ações afirmativas são leis que propõem tratar com privilégios algumas categorias que sofreram algum prejuízo histórico, como, por exemplo, reservar vagas para negros e para mulheres nas empresas e universidades públicas, ou nos partidos políticos. O objetivo desse tipo de lei é ajudar essas categorias sociais alcançar postos que de outra forma seriam quase inacessíveis devido ao preconceito e à situação sócio-histórica do país.

- Princípio das leis — esse princípio é evocado quando há um conflito entre duas ou mais partes. Então as partes recorrem a regras formais e informais para regulamentar a disputa. Elas podem também nomear um terceiro que decida. Nesse caso, o ganhador é merecedor dos recursos desde que não tenha violado as regras. É o princípio básico do sistema judiciário, que se impõe como um terceiro para mediar os conflitos entre as partes, tendo as leis como regras que estabelecem os parâmetros da disputa. Vamos tratar bastante deste assunto nesta parte sobre justiça dos procedimentos, pois, como veremos, os psicólogos já investigaram muito sobre essa situação.

Lerner (1974) fez algumas pesquisas na década de 1970 com crianças do maternal e percebeu que quando elas têm o poder de dividir recompensas, elas já utilizam com clareza os princípios de equidade e de igualdade. Isto demonstra que desde muito cedo, o ser humano já possui esses princípios.

E, se prestarmos atenção, vamos perceber que esses princípios estão presentes em diversas situações das nossas vidas, desde o impasse da criança em dividir um chocolate com o irmãozinho até as conclusões mais sofisticadas sobre a nossa legislação. A criança nesta situação vai se perguntar se ela deve dividir o chocolate em partes iguais, utilizando o princípio de igualdade, ou se ela deve ficar com a maior parte já que foi ela quem ganhou o chocolate e, portanto, ela vai utilizar o princípio da equidade.

No mesmo sentido, podemos interpretar a norma máxima constitucional de que todos são iguais perante a lei, a partir do princípio da necessidade ou da igualdade. Se interpretarmos que o Estado deve promover a igualdade, levando em conta que alguns, por serem desprivilegiados, necessitam de uma ajuda maior do Estado, estaremos utilizando o princípio da necessidade. Mas se interpretarmos literalmente o texto, vamos concluir que o Estado não pode ajudar um mais do que o outro e, portanto, não pode privilegiar os desprivilegiados e vamos utilizar o princípio da igualdade.

É lógico que essas interpretações vão depender do posicionamento político e ideológico de cada pessoa e de cada grupo. Assim como a maior ou menor utilização de determinados princípios vão variar de acordo com os diferentes grupos, culturas ou nações. Nos países caracterizados por uma ideologia liberal, há uma predominância do princípio da igualdade, sendo que o Estado mantém os mesmos direitos para todos e cada um se esforça para abocanhar uma parte das riquezas. Já nos países de ideologia social, há uma predominância do princípio da necessidade, sendo que o Estado tende a privilegiar aqueles que estão marginalizados para assim promover uma maior igualdade.

Essas interpretações vão depender também do que está sendo dividido. *Foa* e colaboradores (1993) estabeleceram que podemos dividir ou trocar 5 tipos de riquezas: bens, serviços, amor, *status* e informação. Tendemos a trocar bens e serviços pelo princípio da equidade, mas em contraposição, tendemos a trocar amor pelo princípio da necessidade. Também temos a propensão de trocar os mesmos tipos de riqueza; quando damos amor, esperamos receber amor, da mesma forma, quando damos informação esperamos receber informação. Mas nem sempre acontece assim, pois existem muitos casos em que dinheiro pode ser trocado por *status*, amor por dinheiro, informação por *status* ou dinheiro e assim chegamos à conclusão que as trocas humanas são muito complexas e por isso as concepções de justiça construídas pelas sociedades possuem muitos detalhes.

PRINCÍPIOS DA JUSTIÇA DISTRIBUTIVA	MODO DE DIVISÃO	AMBIENTES ONDE SÃO MAIS UTILIZADOS
PRINCÍPIO DA EQUIDADE	DIVISÃO PELO MERECIMENTO	MUNDO DOS NEGÓCIOS E DO TRABALHO
PRINCÍPIO DA IGUALDADE	DIVISÃO IGUALITÁRIA	MEMBROS DE UM GRUPO
PRINCÍPIO DA NECESSIDADE	DIVISÃO DE ACORDO COM AS NECESSIDADES	PROGRAMAS SOCIAIS
PRINCÍPIO DAS LEIS	UTILIZA A MEDIAÇÃO DE UMA TERCEIRA PESSOA	PODER JUDICIÁRIO

Cada princípio de justiça vai se encaixar numa determinada situação e isso não vai acontecer da mesma forma para todas as pessoas, no entanto, como discutiremos adiante, existem aspectos que variam de acordo com as pessoas, de acordo com os grupos ou de acordo com sociedades e culturas inteiras; e também existem aspectos comuns a quase todas as pessoas independentemente de sua cultura, grupo ou opiniões pessoais.

Um grande número de regras de distribuição justa podem ser demonstradas e relacionadas a uma grande variação de situações e de noções de justiça. Existe uma teoria, conhecida como teoria dos múltiplos princípios de justiça, que se interessa por pesquisas que especificam as condições nas quais as diferentes regras de justiça parecem apropriadas e são atualmente adotadas como base para as ações e considerações de justiça.

Temos como exemplo o trabalho de *Kashima*, *Siegal*, *Tanaka* e *Isaka* que demonstraram, em 1988, que os japoneses consideram o princípio da igualdade mais justo do que o princípio da equidade, quando comparados aos australianos. Isto porque a cultura australiana, considerada como ocidental, é mais individualista do que a cultura oriental. Na cultura oriental, as pessoas tendem a pensar primeiro no bem-estar da coletividade enquanto que na cultura ocidental predomina, cada vez mais, o individualismo.

Essas diferenças interculturais são muito interessantes e vêm sendo investigadas nos últimos 20 anos. *Shimizu* e *Menin* realizaram um estudo transcultural em 2004 comparando as representações sociais de lei, justiça e injustiça entre jovens brasileiros e entre jovens argentinos. Elas constataram que os jovens brasileiros demonstram ser menos esclarecidos em relação à lei, apresentando uma postura mais submissa, passiva e fatalista, enquanto os jovens argentinos se mostram mais conscientes. No entanto, para os jovens das duas nacionalidades existe muita "falta de justiça" nos respectivos países, sendo que os brasileiros acham que a causa das injustiças está na desigualdade social e os argentinos acham que a causa das injustiças está na corrupção que impera no país.

A relevância e a propriedade dessas várias regras de justiça também mudam de acordo com as disposições históricas, culturais e situacionais. Em determinadas situações históricas e situacionais algumas regras ficam mais proeminentes, como, por exemplo, na situação de escassez, ou de fome, a regra da necessidade vai ser mais importante do que todas as outras. O que explica o comportamento das pessoas em momentos de guerras, de crises econômicas intensas, ou em momentos de crises sociais, que têm suas concepções de justiça modificadas em função da situação.

Vamos discutir com mais detalhes as questões das variações interindividuais, intergrupais e interculturais no Capítulo 5, mas já podemos concluir que os psicólogos identificaram alguns princípios que são utilizados nos julgamentos de justiça e que são aplicados em situações diversas de diferentes níveis de complexidade. A utilização desses princípios varia de acordo com as situações históricas e também de acordo com as culturas e grupos.

No entanto, é importante compreendermos que esses princípios funcionam como critérios que podem ser aplicados diferentemente em cada situação e em cada cultura.

AS CONCEPÇÕES DA JUSTIÇA DISTRIBUTIVA

Alguns autores identificaram também duas diferentes concepções de justiça distributiva. Podemos definir essas concepções como uma visão geral do papel das regras e princípios de justiça nas diferentes situações.

A partir disso, temos a concepção universalista da justiça que considera que as regras são feitas para serem inalteradas, e que, portanto, devem ser aplicadas em qualquer circunstância.

Contrapondo a essa primeira concepção, temos a concepção relativista da justiça, que considera que as regras são justas apenas em algumas situações e são alteráveis de acordo com o contexto.

Turiel (1983) afirma que algumas regras são tratadas como códigos inalteráveis de justiça enquanto outras são tratadas como meras convenções sociais. Podemos considerar que tirar a vida de uma pessoa é considerado injusto em quase todas as culturas do mundo e em quase todas as situações comuns. No entanto, temos a exceção da legítima defesa, que é uma situação em que matar não é considerado injusto.

Da mesma forma sabemos que atravessar um cruzamento com o sinal vermelho é proibido, mas, durante certas horas da madrugada, o cumprimento dessa regra se torna perigoso.

Mas será que podemos identificar quando as pessoas, numa dada cultura, acreditam que uma regra pode ser alterada por razões contextuais como a legislação ou o consenso? Por exemplo, no estudo que descrevemos acima dos autores *Kashima*, *Siegal*, *Tanaka* e *Isaka*, tanto os australianos quanto os japoneses se mostraram propensos a mudar as regras em função da situação. O que estava em pauta era: em qual situação as pessoas se dispõem a pagar mais uma pessoa que contribuiu menos com um trabalho? Ou seja, abandonar o princípio da equidade e adotar o princípio da necessidade. Os japoneses só concordavam em pagar mais à pessoa que contribuiu menos no caso em que a justificativa era a idade avançada dessa pessoa. Os australianos também concordaram em mudar as regras com a justificativa de dívidas.

Novamente nos deparamos com as diferenças interculturais e também com as similaridades, ou seja, há regras e princípios que são inalteráveis para algumas pessoas, grupos e culturas. E existem situações que justificam a alteração de regras para algumas culturas e não para outras.

Miller e *Bersoff* fizeram uma pesquisa em 1992 onde eles apresentaram um problema para participantes americanos e indianos. Pediram que eles imaginassem que estivessem fazendo uma viagem e que perderam o dinheiro para comprar as passagens de volta. E era muito importante que eles voltassem naquele dia, pois, no dia seguinte haveria um casamento na família ao qual eles não poderiam faltar. Qual seria a melhor solução? Roubar o dinheiro e cumprir com a responsabilidade pessoal de comparecer ao casamento ou respeitar a regra de justiça que estabelece que não é correto roubar?

Para os indianos, a urgência em cumprir a responsabilidade pessoal com a família justificava a suspensão da regra "não roubar" e por isso a maioria optou pela primeira opção, ou seja, roubar o dinheiro das passagens. No entanto, para os americanos era mais importante não roubar mesmo tendo que falhar com a responsabilidade pessoal de comparecer no compromisso familiar.

Demonstramos então que tanto os princípios de justiça quanto as concepções de justiça são construídos e vivenciados dentro de uma cultura, ou seja, são prescritos socialmente. Isso significa que existem diferenças bem nítidas entre o que é justo e injusto, ou entre aqueles comportamentos que são considerados apropriados ou inapropriados, dependendo da cultura dos grupos sociais.

Uma concepção totalmente universalista de justiça, que privilegie o cumprimento das regras independentemente das situações, é bastante incomum, pois correria o risco de ser injusta. Por isso é mais comum encontrarmos uma concepção relativista de justiça, que permite uma adaptação às situações. No entanto, encontramos também leis que já preveem as exceções, ou seja, as situações em que se justifica a suspensão da regra.

A SEGUNDA ONDA: A JUSTIÇA DOS PROCEDIMENTOS

A segunda onda de pesquisas psicológicas sobre a justiça começou na década de 1970. *Thibaut* e *Walker* foram os dois psicólogos responsáveis dessa segunda onda de pesquisas sobre justiça. Eles demonstraram que os procedimentos moldavam a satisfação das pessoas com os resultados, quando havia uma situação em que um terceiro julgava. Por exemplo, na situação jurídica, quando um juiz é requisitado para intervir numa situação de conflito entre as partes, as pessoas vão se sentir mais satisfeitas com o julgamento quando elas avaliarem que os procedimentos do processo foram neutros.

A primeira hipótese que eles fizeram foi que a avaliação das pessoas sobre a justiça nos processos de tomada de decisão tem uma influência na reação das pessoas em relação aos resultados ou a decisão em si. E por isso eles desenvolveram uma pesquisa para comparar os procedimentos do sistema acusatório e do sistema inquisitório utilizados respectivamente nos tribunais americanos e europeus. No sistema acusatório, cada um argumenta a seu favor e o juiz e os jurados vão tomar a decisão, sendo separada a acusação, a defesa e o julgamento. Esse sistema prima pela liberdade de defesa e igualdade de posição das partes. No sistema inquisitorial acontece a nítida supressão das garantias do acusado, e a aglutinação das funções de acusar defender e julgar, dando às partes menos oportunidades de apresentar evidências. Eles concluíram que:

- As pessoas são relutantes em apelar para os processos em que uma terceira parte decide.
- Os procedimentos acusatórios são objetivamente considerados mais justos que o sistema inquisitorial em várias dimensões.
- Existe uma preferência geral das pessoas pelo sistema acusatório.

Esse trabalho de *Thibaut* e *Walker* (1975) foi muito importante, pois influenciou muitos outros trabalhos que posteriormente extrapolaram as estruturas processuais jurídicas e abordaram também aspectos informais e cotidianos das questões procedurais. Também porque se percebeu que, para entender e construir a credibilidade das cortes jurídicas, era necessário compreender os processos psicossociais básicos que levam as pessoas a avaliar um procedimento como justo ou não. Por isso a ideia central desses estudos é que os procedimentos utilizados para a tomada de decisão vão moldar a satisfação das pessoas com os resultados.

Um dos pontos mais investigados nessa onda de pesquisa sobre justiça procedural é conhecido como *voice procedure*. E, de maneira resumida, se baseia no fato de que alguns psicólogos demonstraram que quando a pessoa tem a oportunidade de falar o que pensa durante o processo de justiça, essa pessoa vai se sentir mais satisfeita com o resultado, mesmo se este não lhe for favorável. As pessoas sentem que são tratadas com mais justiça quando elas podem participar na resolução dos problemas, apresentando suas sugestões sobre o que deve ser feito. Isso mesmo quando elas sentem que o que elas falaram não teve importância na tomada de decisão.

Outras pesquisas, mais recentes, sugerem que as pessoas cooperam voluntariamente com os grupos quando elas julgam que as decisões do grupo estão sendo feitas com justiça. Os grupos criam regras e estabelecem autoridades e instituições para se organizarem e para facilitar a regulagem social. Essas autoridades possuem o poder de aplicar recompensas e punições com o objetivo de garantir o cumprimento das regras. A eficiência e eficácia das regras e das autoridades são intensificadas quando os membros do grupo desejam voluntariamente reforçar o poder das autoridades, de suas decisões e das regras sociais. Logo, as decisões justas são a chave para aumentar a legitimidade das regras e do poder das autoridades através da aquiescência voluntária dos membros do grupo.

Em nossa sociedade, temos leis e regras que regem os comportamentos das pessoas. Para garantir que as pessoas se comportem segundo essas regras, criamos as instituições e para dirigi-las instituímos as autoridades. Quando alguém infringe uma regra, a autoridade tem o direito de punir essa pessoa. No entanto, quando as pessoas percebem que essas autoridades não julgam com justiça, elas tendem a não acreditar nessas autoridades e, consequentemente, nas regras, criando um problema de legitimidade. Ou seja, as pessoas passam a acreditar que as autoridades não são legítimas, o que significa que elas não possuem qualidades para ocupar o lugar que ocupam na sociedade.

Da mesma forma, os cidadãos são mais dispostos a aceitar políticas que desagradam quando eles sentem que o processo pelo qual foram tomadas essas decisões foi justo. Isto pode clarificar alguns aspectos de nossa sociedade, pois à medida que as autoridades políticas do país perdem a legitimidade, as leis feitas por elas não contam com o apoio popular. Simultaneamente, a não punição dessas autoridades também compromete as autoridades do poder judiciário, causando um divórcio entre a população e suas autoridades. Então as pessoas procuram meios de buscar vantagens pessoais se preocupando apenas consigo mesmas, o que leva a uma crise social e política, pois o bem coletivo fica relegado.

Em resumo, as preocupações das pessoas com a justiça está no âmago da relação entre o cidadão e as autoridades e, portanto, é crucial para o desenvolvimento político e social de um povo.

Podemos então caracterizar essa segunda onda das pesquisas psicológicas sobre a justiça pela preocupação com os procedimentos nos processos de decisão e também pela preocupação em criar e manter valores internos que embasam o comportamento cooperativo e voluntário. Pois se uma pessoa adquire valores internos que a levam a agir pró-socialmente e a defender as autoridades, logo as autoridades não precisam agir só em termos de recompensas e punições. Em outras palavras, os psicólogos começaram a reconhecer a importância de se criar uma cultura organizacional ou cívica, que embase os valores internos entre os membros do grupo, pois eles perceberam que o comando e controle, através de punições e recompensas, não são suficientes.

Ou seja, a simples punição daqueles que descumprem a lei não é suficiente para desencorajar o comportamento de infringir a lei. A inserção da pessoa numa cultura social, que legitima valores e normas pró-sociais, desempenha um papel muito mais importante na prevenção de problemas da administração de uma sociedade.

A questão dos presídios ilustra muito bem essa afirmação. Quando uma pessoa comete um crime, a sociedade pune com a supressão de sua liberdade. Então ela vai para um presídio, que é uma instituição fechada e isolada do mundo. Dentro dos presídios se desenvolve uma cultura própria, com outras concepções de justiça e de moralidade. A pessoa que vai para lá é gradualmente impregnada e inserida nessa nova cultura e por isso sai de lá com comportamentos ainda mais violentos. Isso demonstra que a punição que ela recebeu não funcionou para desencorajá-la a repetir o comportamento criminal. Pelo contrário, pois no presídio essa pessoa foi impregnada com uma cultura que valoriza a criminalidade.

Em resumo, os estudos sobre a justiça procedural demonstram que a percepção da justiça ou da injustiça no interior de um grupo ou de uma sociedade é um fator importante que interfere no comportamento social das pessoas. Eles demonstram também que as pessoas podem se sentir mais satisfeitas com os procedimentos de tomadas de decisão que possuem determinadas características, que veremos a seguir.

OS FATORES PRIMÁRIOS DE UM PROCEDIMENTO JUSTO

Segundo *Tyler* (2000), alguns fatores são importantes para que as pessoas avaliem um processo de decisão como justo. Esses fatores são como se fossem os princípios da justiça dos procedimentos, pois eles são regras gerais que regem os julgamentos das pessoas sobre a justiça dos procedimentos ou dos processos de tomada de decisão. São eles:

1. Participação

As pessoas avaliam que tiveram um tratamento mais justo quando elas têm oportunidade de participar das decisões. Quando elas têm oportunidade de dar sugestões, de expor seus pontos de vista, elas vão avaliar o procedimento como mais justo do que quando elas não têm oportunidade de participar do processo de decisão. Um exemplo prático é a pesquisa de *Kitzmann* e *Emery* (1993) sobre as decisões judiciais nos casos de custódia da criança, realizada nos EUA. Eles constataram que embora na maioria dos casos a custódia é dada às mães, os pais se sentem mais satisfeitos com a decisão, quando eles têm oportunidades de expor sua opinião e suas experiências, mesmo quando a decisão não lhes é favorável.

2. *Neutralidade*

As pessoas estarão atentas à honestidade, à imparcialidade e à objetividade das autoridades. Num processo judicial, as pessoas vão estar muito atentas à pessoa do juiz que vai julgar o processo. Elas vão julgar se ele está usando regras imparciais e tomando decisões objetivas.

3. *Credibilidade das autoridades*

A credibilidade da autoridade é um fator primário na avaliação da justiça do procedimento. Tanto que as pessoas só valorizam a participação no processo se elas acreditarem na honestidade, imparcialidade e objetividade da autoridade. Uma chave para a credibilidade é a justificação. Quando uma autoridade apresenta suas decisões às pessoas, ela precisa deixar claro que escutou e considerou os argumentos dos participantes, ou seja, deve explicar por que tomou essa decisão para as pessoas implicadas.

4. *Tratamento com respeito e dignidade*

As pessoas valorizam o respeito pela sua dignidade e *status* social. *Tyler* e *Lind* (2003) são dois psicólogos que desenvolveram uma pesquisa para entender os processos psicológicos que baseiam a legitimação das autoridades. Para eles, quanto mais a decisão de uma autoridade é percebida como baseada em princípios de neutralidade relacional, fidedignidade e reconhecimento de *status*, mais a decisão é percebida como justa e, portanto, é mais aceitável e encoraja as pessoas a perceberem as autoridades como legítimas. Esse fator está ligado ao respeito, ou seja, as pessoas precisam se sentir respeitadas como cidadãs.

5. *Expectativa*

As pessoas vão ser influenciadas pelas expectativas que elas mesmas possuem sobre os procedimentos de justiça ao avaliarem um processo como justo ou injusto. Se uma pessoa faz uma expectativa de ser ouvida durante um processo de decisão, mas acontece de não ter oportunidade de falar, ela vai se sentir mais injustiçada do que outra pessoa que não tinha essa expectativa e que também não teve a oportunidade de falar. Na literatura sobre esse assunto, as pesquisas demonstram que quando as pessoas fazem uma expectativa de um pagamento equitativo e têm suas expectativas confirmadas, elas fazem um julgamento de justiça melhor até mesmo do que as pessoas que receberam um pagamento acima das suas expectativas. Nesse caso, tanto a justiça distributiva quanto a justiça dos procedimentos concordam que a expectativa é um componente fundamental para a satisfação das pessoas com os resultados das decisões.

Outro autor, chamado *Leventhal* (1980), afirma que existem seis regras básicas que caracterizam a justiça procedural. Essas regras não são como os fatores descritos acima, pois elas não se referem à satisfação das pessoas envolvidas no processo. As regras de Leventhal se referem à justiça objetiva dos processos, ou seja, se referem àquilo que pode caracterizar um processo como mais justo ou mais injusto e por isso são mais próximas dos processos jurídicos, como veremos a seguir:

1. Consistência

Refere-se à consistência dos atos das pessoas durante o tempo. Pode ser bem exemplificada pela jurisprudência; um julgamento sobre uma situação vai servir de padrão para os julgamentos conseguintes estabelecendo uma consistência na interpretação através do tempo. Se um juiz tem dois casos semelhantes e os julga de forma diferente, ele está demonstrando falta de consistência nos seus julgamentos.

2. Supressão de viés

Refere-se à neutralidade no sentido de não ser levado por interesses pessoais ou ideológicos. Como exemplo, podemos citar os casos em que a autoridade tem que se abster de julgar reconhecendo seu envolvimento, seus preconceitos ou interesses pessoais, afastando-se dos casos onde ele está diretamente implicado. Também está relacionado com o exercício diário das autoridades de relevar suas próprias convicções pessoais em favor da aplicação da lei.

3. Acuidade

Refere-se à utilização de informações acuradas e de opiniões informadas. Pode ser exemplificado pelo cuidado com as provas e informações que são considerados num processo judicial.

4. Correção

Envolve a possibilidade de ter modificações ou mesmo reversão da decisão por outras autoridades. O mesmo processo pode ser julgado em diversas instâncias, assim as partes podem apelar para que outras autoridades possam julgar o mesmo caso.

5. Representatividade

Envolve considerar os interesses, preocupações e valores de todos os envolvidos em todas as fases do processo.

6. Ética

Envolve a compatibilidade com valores fundamentais morais e éticos.

Um dos problemas que tem sido levantado é que seguir essas regras da justiça de *Leventhal* e respeitar os fatores de satisfação com os processos de *Tyler* aumenta muito o tempo para a solução de um conflito ou processo. Isso pode também significar um aumento de custos materiais e financeiros. Mas como podemos perceber, não é muito complicado e pode trazer benefícios bem grandes para as pessoas que estão envolvidas num processo e para a sociedade como um todo.

Algumas partes do processo poderiam ser agilizadas por psicólogos jurídicos que poderiam verificar as expectativas dos envolvidos e explicar as decisões judiciais numa entrevista de devolução, fazendo uma constante intermediação dos envolvidos com as autoridades.

As atuais mediações jurídicas privadas devem seu sucesso também ao respeito a essas constatações da justiça procedural, pois eles dão às partes envolvidas a possibilidade de serem ouvidas e de compreenderem o processo e seus resultados, gerando menos sentimento de injustiça e mais satisfação com os resultados do processo, mesmo nas partes que receberam uma resolução desfavorável.

FATORES IMPORTANTES PARA A AVALIAÇÃO DOS PROCEDIMENTOS	REGRAS DE JUSTIÇA PROCEDURAL
PARTICIPAÇÃO NEUTRALIDADE CREDIBILIDADE DAS AUTORIDADES TRATAMENTO COM RESPEITO E DIGNIDADE EXPECTATIVA	CONSCIÊNCIA SUPRESSÃO DE VIÉS ACUIDADE CORREÇÃO REPRESENTATIVIDADE ÉTICA

A VIRADA DA DÉCADA DE 1990

Na década de 1990, as pesquisas passaram a se preocupar com os resultados pró-sociais e abandonaram a ênfase nos comportamentos negativos. Assim, em vez de focalizar questões de como evitar e controlar os comportamentos considerados nocivos à sociedade, as pesquisas começaram a se perguntar como criar condições para obter das pessoas comportamentos pró-sociais. Isso significa se preocupar em como construir confiança, encorajar a responsabilidade e a criatividade e estimular a cooperação voluntária das pessoas com os outros.

O objetivo principal dessas pesquisas é demonstrar o poder dos julgamentos de justiça em modelar os pensamentos, os sentimentos e as ações das pessoas. Dentre essas pesquisas, destacaremos duas que exemplificam essa tendência pró-social e que trazem aspectos importantes para a compreensão da importância da justiça em modelar os comportamentos, a cognição e os sentimentos das pessoas:

1. O modelo de justiça relacional

Esse modelo apresentado por *Tyler* em 1997 concilia a justiça dos procedimentos com a importância da avaliação positiva das autoridades nos julgamentos de justiça. Ou seja, o relacionamento da autoridade com a pessoa passa a ter um papel predominante na avaliação e na satisfação da pessoa com os resultados e procedimentos de um processo de decisão. De uma forma aplicada, podemos dizer que o relacionamento de uma pessoa com o juiz que está julgando seu processo é fundamental para que essa pessoa se sinta justiçada ou não. O que significa dizer que o comportamento das autoridades vai ser um fator fundamental na construção do sentimento de justiça ou injustiça da pessoa que está em questão.

2. O modelo de engajamento no grupo

Esse modelo, apresentado por *Tyler* e *Blader* em 2003, propõe uma abordagem geral do relacionamento das pessoas com os grupos tentando compreender os precursores do engajamento das pessoas no grupo. Ou seja, essa teoria tenta explicar por que as pessoas se afiliam a determinados grupos sociais, institucionalizados ou não, tais como igrejas, ONGs, gangues criminosas, escoteiros e tantos outros grupos formados na sociedade.

Para isso, essa teoria pressupõe que a razão central pela qual uma pessoa participa de um grupo é pelo retorno que esses grupos oferecem para criação e manutenção de uma identidade pessoal favorável. Fazer parte de uma igreja ou mesmo de uma gangue traz para a pessoa um sentimento de que ela tem uma identidade positiva, reforçada socialmente. A participação em grupos modela o eu social da pessoa e um dos primeiros fatores para isso é a categorização social, ou seja, as categorias que definem os grupos das pessoas e que são usadas para construir uma autoimagem. Como vimos na teoria da privação relativa, essa valoração da identidade social vai depender dos grupos com os quais as pessoas ou os grupos se comparam. Num grupo escolar de adolescentes, pode ser vantagem participar de uma gangue. Num grupo de trabalho, pode ser bem visto participar de uma ONG, e assim por diante.

O desejo de cooperar com o grupo vem então das informações de identidade que o grupo dá. E essas informações dependem da avaliação que essa pessoa vai fazer da justiça dos procedimentos e da justiça distributiva que vão influenciar e modelar a identidade grupal. Em resumo, se eu avalio que no meu grupo existe justiça na distribuição de bens e nos procedimentos, eu vou me sentir mais identificado com esse grupo e, consequentemente, vou colaborar mais com ele. Podemos usar o exemplo de um grupo de trabalho dentro de uma empresa. Se nesse grupo as pessoas sentem que há justiça nas decisões e que elas são recompensadas, na medida esperada, por seus esforços, logo, esses trabalhadores vão se sentir mais satisfeitos em participarem desse grupo e, portanto, vão estar mais propensos a colaborar.

A justiça procedural tem se tornado cada vez mais importante porque traz luz para a resolução dos problemas sociais, como a resolução de conflitos entre indivíduos e grupos. Sua principal contribuição é que um procedimento justo pode ser mais eficiente que a justiça distributiva na resolução de conflitos. Existem muitas dificuldades para definir o que é uma distribuição justa, inclusive os interesses pessoais que muitas vezes falam mais alto do que qualquer outra coisa. Isso foi especialmente notado nos casos das autoridades legais, pois quase sempre as decisões são favoráveis a uns e desfavoráveis a outros; em termos de justiça distributiva, no entanto, se os procedimentos são vistos como justos, os conflitos podem ser solucionados.

No entanto, o mais importante legado da justiça procedural foi demonstrar que os julgamentos de justiça das pessoas influenciam o modo das pessoas pensarem, sentirem e se comportarem, pois as informações sobre a justiça são centrais na avaliação que as pessoas fazem das situações sociais. Ou seja, os julgamentos de justiça possuem um papel muito importante na qualidade de vida e no bem-estar das pessoas, e isso não se restringe apenas aos processos formais do poder judiciário, mas a todos os pequenos detalhes da vida cotidiana das pessoas, como uma fila de espera, o bom atendimento, o respeito à dignidade, os direitos humanos, etc.

A TERCEIRA ONDA: A JUSTIÇA RETRIBUTIVA

Embora a justiça retributiva seja a menos desenvolvida e a mais recente, tudo indica que ela representa um campo importante de investigação para a psicologia.

Essa terceira onda das pesquisas em psicologia social da justiça é caracterizada pelo conceito de retribuição. Podemos considerar que a preocupação com a retribuição começa quando as regras são quebradas. Neste caso o grupo, ou um indivíduo, tem que decidir se alguém tem que ser punido, qual a punição que deve ser aplicada e ainda quão severa essa punição deve ser.

Como vimos anteriormente, as normas sociais existem para regular as trocas e os relacionamentos entre pessoas e grupos, indicando um balanço ideal entre os direitos e deveres da pessoa. Vimos também que a habilidade das autoridades e das instituições em conseguir um comportamento cooperativo das pessoas em relação às normas depende principalmente da legitimidade dessas autoridades. Uma importante fonte de legitimidade é a correspondência entre as diretivas institucionais e as normas sociais, ou seja, a clareza e justiça dos procedimentos. Em caso de disputa, essas normas são interpretadas e aplicadas por autoridades legitimadas que vão tomar as decisões apropriadas. No entanto, existem também situações em que uma norma é desobedecida, e, portanto, não se trata mais de resolver um conflito, mas de punir alguém que infringe as normas, e, nessas situações, a viabilidade da organização grupal, institucional e social é colocada em xeque.

A questão levantada por essa terceira onda da psicologia da justiça é a adequabilidade da punição em diversas situações que geram questões de justiça. Pois da mesma forma que recompensar os comportamentos com bens é uma questão de justiça distributiva, recompensar com punição os comportamentos que infringem a ordem social é uma questão de justiça retributiva.

Por exemplo, nos últimos anos tem-se discutido muito a questão da impunidade. Isso porque a impunidade no Brasil tem levado as autoridades ao descrédito. Ou seja, a legitimidade das autoridades vem sendo questionada e, como consequência, a obediência às normas também está sendo corroída. As pessoas buscam então as vantagens pessoais, como vimos nas teorias atuais sobre a justiça procedural.

Podemos também relembrar o exemplo do presídio, quando a pessoa que cometeu um crime é punida sendo constrangida a permanecer fechada numa instituição durante alguns anos.

Mas podemos também evocar exemplos mais simples como as pequenas punições que os pais aplicam para corrigir os filhos. Todos esses exemplos podem nos levar a uma mesma questão: *Por que as pessoas utilizam a punição?*

Várias são as respostas teóricas quanto à questão da punição. Um dos modelos teóricos propostos é que as pessoas buscam punir aqueles que quebram as regras pelo medo de se tornarem vítimas delas. Se deixarmos uma pessoa que cometeu um crime sem nenhuma punição, existe a chance de um dia sermos vítimas desse mesmo criminoso. Por isso as pessoas têm uma reação emocional forte diante de alguns crimes, chegando aos exageros dos linchamentos.

Ouvimos muito o *slogan a* "impunidade gera a violência". Esse *slogan* retrata esse medo das pessoas de deixarem impunes os que cometem delitos, como, por exemplo, deixar nas ruas as pessoas que já cometeram crimes violentos.

Outro modelo teórico afirma que a punição é relacionada à necessidade de manter a identidade e a coesão dentro dos grupos. Para esse modelo, a desviância não representa somente o perigo concreto de se tornar uma vítima, mas tem um significado profundo de quebra de valores que ofende o sistema normativo da sociedade. O crime é então considerado pelas pessoas como um problema social e não simplesmente como um medo pessoal.

Existem crimes, por exemplo, que não trazem prejuízos materiais, mas que ferem os valores morais, como o racismo ou qualquer forma de preconceito. Por outro lado, o peso da intencionalidade nas penas também demonstra o peso dos valores morais, pois o indivíduo que cometeu um crime sem intenção não é punido da mesma forma que alguém que planejou o crime, mesmo se os prejuízos causados forem os mesmos. Esses exemplos demonstram como as pessoas reagem não apenas aos prejuízos causados pela infração das regras, mas as pessoas reagem, sobretudo, ao significado moral proveniente dessa infração.

Nesse sentido, as pessoas utilizam informações sobre o tipo e o resultado da violação para enfim decidir qual é a reação adequada em cada caso. As violações que atingem somente bens materiais são avaliadas com menos severidade do que as violações que causam prejuízos sociais e psicológicos às vítimas. Vejamos por exemplo o caso do estupro e da pedofilia, que causa um grande prejuízo psicológico e por isso suscita o desejo de punição até mesmo entre os criminosos. Os estupradores e pedófilos são discriminados e muitas vezes punidos pelos próprios presidiários quando chegam aos presídios. O furto, de modo algum, causa a mesma reação nas pessoas, e por outro lado, pode ser facilmente justificado com afirmações como: "roubou porque estava com fome", "roubou porque estava drogado".

Da mesma forma os pais não vão punir com a mesma severidade um filho que quebrou algo acidentalmente ou por distração e um outro filho que quebrou algo propositalmente, para prejudicar alguém.

Relatos medievais demonstram que as pessoas e os tribunais daquela época puniam animais e até mesmo defuntos humanos por acontecimentos que geravam algum tipo de prejuízo. E mesmo atualmente podemos perceber que quando uma criança se machuca com algum objeto, por exemplo, bate o pé numa pedra, ela parece bem aliviada e para de chorar se um adulto pune a pedra. Na lei dos judeus, a norma máxima era olho por olho e dente por dente, e, portanto, a pessoa prejudicada podia devolver na mesma moeda. Se examinarmos bem essa questão vamos chegar ao tema polêmico da vingança, que tem como pano de fundo o restabelecimento de um estado afetivo de calma. O sentimento de injustiça gera o desejo da vingança.

Isso tudo demonstra que a punição não é apenas uma retribuição a uma infração, mas ela tem um resultado simbólico para as pessoas e para os grupos. Percebemos que existem princípios e ideias que regem os comportamentos de punição e que não se restringem aos processos formais e jurídicos.

Essa questão da punição ainda não foi alvo de muitas investigações da psicologia social da justiça, mas existe uma tendência nesse sentido atualmente. No entanto, dentre as teorias da personalidade, o behaviorismo explorou essa questão. *Skinner*, psicólogo atualmente considerado o pai do behaviorismo, fez alguns experimentos com animais e demonstrou que a punição não é o método mais eficiente para eliminar comportamentos indesejados. Ele demonstrou que a punição só funciona enquanto o estímulo aversivo, nesse caso, a punição em si, estiver presente. O que significa que seus resultados não duram quando a ameaça da punição não está presente.

De maneira bem simples podemos explicar esse dado através do exemplo dos pais que utilizam a punição como método de educação. Enquanto os pais estão presentes, as crianças se comportam muito bem, mas quando os pais se ausentam, as crianças tendem a não respeitar as regras impostas anteriormente pelos pais.

Seria o equivalente da diminuição da criminalidade apenas na presença da vigilância e conseguinte punição. Esse é o sucesso de programas de cunho do programa de Nova York tolerância zero, ou dos radares de velocidade. Com o efetivo aumento de vigilância e, consequentemente, um aumento de número de punições, alcança-se uma efetiva diminuição das infrações.

Poderíamos resumir dizendo que a punição pode influenciar o comportamento das pessoas, principalmente na presença de vigilância. No entanto, ela não é eficiente a longo prazo e ela não é suficiente para formar uma cultura pró-social como destacam as teorias sobre a justiça procedural.

No entanto, não podemos esquecer o papel simbólico da punição para os grupos sociais e para as pessoas. A punição tem uma função afetiva e social que merece ser mais profundamente investigada.

O PAPEL EDUCATIVO DAS INSTITUIÇÕES E DOS GOVERNOS

Temos que considerar também o papel educativo dos governos e das instituições que utilizam as punições para controlar os comportamentos desviantes das normas estabelecidas. A cada dia que passa a regularização da vida do indivíduo aumenta, sendo essa uma das características da atualidade dos regimes de massa, descritos por *Rouquette*, em 1994. Há algum tempo atrás, as pessoas podiam fumar onde desejavam, podiam caçar e pescar quando quisessem, podiam andar de carro sem utilizar o cinto de segurança, enfim, tinham a vida menos regulamentada pelo Estado. Hoje quase todas as atividades humanas estão regulamentadas pelo Estado, gerando uma burocracia infinita e possibilidades múltiplas do indivíduo ser objeto de alguma punição oficial. É raro encontrar alguém que nunca foi punido pelas instituições governamentais, seja por uma multa de trânsito, multa eleitoral, corte de fornecimento de água ou de luz e outros mais.

Por isso não podemos compreender a punição apenas como uma reação de medo face à possibilidade de um dia sermos vítimas de algum crime, e muito menos como uma simples reação afetiva frente à quebra de valores profundos da nossa sociedade. Temos que unir a essas duas explicações, que são válidas, uma terceira explicação, que é o controle ideológico do Estado sobre seus cidadãos. Esse controle serve para a manutenção da ordem já estabelecida, mantendo as divisões de classe e o poder nas mãos de uma liderança.

Durkheim considerava a criminalidade como um fenômeno normal nas sociedades humanas, pois o ato de transgredir a ordem faz parte do funcionamento normal das sociedades e pode contribuir para os processos de mudança. Da mesma forma as tentativas da sociedade de punir essas transgressões também parecem totalmente normais às sociedades.

O papel educativo do Estado, portanto, não pode ser ignorado quando tentamos avaliar o papel da punição para as pessoas e grupos.

CONCLUSÃO

Essas ondas de intensas investigações da psicologia sobre a justiça aconteceram nos EUA, mas também foram investigadas em alguns outros lugares do mundo. Elas tiveram o mérito de levantar questões de suma importância e de traçar os primeiros passos de uma abordagem psicológica das questões da justiça.

Muitas aplicações podem surgir dessas teorias a fim de melhorar não apenas a eficiência do Estado e das instituições jurídicas, mas também melhorar a qualidade de vida das pessoas. Compreender os princípios de justiça que as pessoas utilizam na divisão de bens pode contribuir muito para a compreensão dos sentimentos de injustiça que permeiam o mundo do trabalho e todos os grupos sociais tais como a família. Os fatores e regras da justiça procedural podem auxiliar na transparência e na eficiência do poder judiciário bem como em todos os processos que incluem a decisão de um terceiro. E, por fim, a compreensão da punição colabora com os diversos setores educativos da sociedade.

As questões de justiça, como dissemos anteriormente, permeiam todas as relações humanas e por isso são fundamentais para o bem-estar do ser humano. Desde o restrito ambiente familiar, onde avaliações de justiça são feitas constantemente, tais como a justiça na distribuição de bens, de amor, de dedicação, bem como a justiça da punição ou da retribuição entre pais e filhos, entre cônjuges, ou mesmo entre amigos. Até os ambientes mais gerais tais como a sociedade de massas, onde as questões educativas do Estado se impõem com suas punições, com as questões de distribuição de riquezas que geram desigualdades sociais e com seus vários processos de decisão que impõem as autoridades como instâncias mediadoras entre os diversos interesses em questão.

Além disso, as diferenças entre as concepções de justiça dos diferentes grupos e das diferentes culturas são essenciais para as relações humanas e comerciais num mundo globalizado.

PRIVAÇÃO RELATIVA	AINDA NÃO É CONSIDERADA UMA TEORIA DE JUSTIÇA	A SATISFAÇÃO (OU NÃO) DAS PESSOAS É INFLUENCIADA PELA COMPARAÇÃO SOCIAL
JUSTIÇA DISTRIBUTIVA	PRIMEIRA ONDA DAS PESQUISAS E TEORIAS DA PSICOLOGIA DA JUSTIÇA	A AVALIAÇÃO DA JUSTIÇA NA DISTRIBUIÇÃO DE RECURSOS
JUSTIÇA PROCEDURAL	SEGUNDA ONDA DAS PESQUISAS E TEORIAS DA PSICOLOGIA DA JUSTIÇA	A AVALIAÇÃO DA JUSTIÇA NOS PROCEDIMENTOS DE DECISÃO
JUSTIÇA RETRIBUTIVA	TERCEIRA ONDA DAS PESQUISAS E TEORIAS DA PSICOLOGIA DA JUSTIÇA	A AVALIAÇÃO DA JUSTIÇA NOS PROCESSOS DE PUNIÇÃO

CAPÍTULO III

A TEORIA DA CRENÇA NO MUNDO JUSTO E OS ASPECTOS UNIVERSAIS E CULTURAIS DAS CONCEPÇÕES DE JUSTIÇA

A TEORIA DA CRENÇA NUM MUNDO JUSTO

Paralelamente às ondas de enfoques nas pesquisas psicológicas sobre a justiça, outros temas e teorias importantes foram construídos e investigados, entre elas, a teoria da Crença num Mundo Justo.

Ela pode ser exemplificada pela história bíblica do livro de Jó. Deus testa a fé de Jó através do sofrimento. Ele, que era um homem rico e cheio de filhos, perde tudo: a riqueza, os filhos e até a saúde. Seus amigos vão visitá-lo e argumentam que todo o sofrimento pelo qual ele está passando é resultado de algum pecado, mas Jó resiste a esse argumento.

Rubin & Peplau, em 1973, utilizam essa história bíblica milenar para ilustrar o conceito de Crença no Mundo Justo. Os amigos de Jó são o exemplo perfeito de pessoas que creem num mundo justo. Pessoas que acreditam que as boas ações serão recompensadas e que as más ações serão punidas. Jó, por sua vez, é o exemplo de pessoas que creem que o mundo é injusto e que nem sempre essa relação ação-recompensa-punição é tão assertiva.

O conceito de Crença no Mundo Justo foi introduzido por *Lerner* em 1965 e tem sido amplamente investigado desde então. Para *Lerner*, a Crença no Mundo Justo é uma consequência natural do desenvolvimento infantil, tanto emocional quanto cognitivo. Ou seja, a medida que a criança vai crescendo e se desenvolvendo, ela gradativamente abandona a recompensa imediata e aprende a postergar seu desejo em função de uma recompensa maior no futuro, crendo que seus esforços serão recompensados. A criança deixa, por exemplo, de dar birra por um brinquedo sabendo que seu comportamento vai agradar os pais e que com isso ela conquistará não somente os brinquedos como o amor e aprovação dos pais.

À medida que essa criança vai crescendo e se desenvolvendo, ela passa a ter necessidade dessa crença para a manutenção da saúde mental, pois ela traz um certo senso de segurança e previsibilidade que estaria na gênese das motivações de todos os comportamentos do indivíduo.

Em outras palavras, se eu acredito que o mundo é justo e que se eu fizer o bem eu vou receber o bem, eu tenho a base da motivação para todos os meus bons comportamentos. E, além disso, sei como controlar os acontecimentos da minha vida, pois vou colher aquilo que eu plantar.

Essa crença traz um conforto psicológico que é ameaçado quando nos deparamos com uma injustiça.

A injustiça pode ser compreendida como qualquer acontecimento ruim que não tenha uma causa aparente tais como uma doença, um acidente, uma perda etc. Esses acontecimentos desprovidos de causa vão ameaçar a crença de que tudo o que acontece tem uma relação direta com nossos comportamentos. Nesse caso, se as injustiças acontecem, podemos sofrê-las algum dia, e, por isso, a crença num mundo justo em excesso pode ter graves consequências sociais, como veremos a seguir.

CONSEQUÊNCIAS SOCIAIS E POLÍTICAS DA CRENÇA NUM MUNDO JUSTO

Rubin e *Peplau*, em 1973, destacaram duas consequências sociais e políticas da Crença no Mundo Justo. A primeira é que uma forte Crença no Mundo Justo pode encorajar a aceitação das instituições sociais e políticas existentes, desencorajando o ativismo social que pode corrigir algumas injustiças reais. No Brasil, *Camino* e *Troccoli* fizeram uma pesquisa, em 1982, e constataram que os professores de uma universidade pública que tinham alta CMJ mostraram baixos índices de participação na greve por melhorias salariais e das condições de trabalho, enquanto os professores com baixa CMJ demonstraram maiores índices de participação na mesma greve.

Sabemos que a grande maioria das conquistas sociais, de melhorias de qualidade de vida e mesmo de correção de grandes injustiças, foram conquistadas a partir do ativismo político de alguns membros da sociedade. Como o direito ao voto feminino, o fim da escravatura, a lei que pune o preconceito, a democracia e tantos outros. Por isso, essa consequência social da CMJ pode trazer prejuízos sociais e históricos muito grandes, como a conivência velada da sociedade com a prostituição e o trabalho infantil, com a corrupção, com a violência contra a mulher e com a principal causadora de tudo isso, ou seja, com a desigualdade social. A desigualdade social do Brasil, ou a diferença entre ricos e pobres, está entre as maiores do mundo segundo a ONU e preocupa a comunidade internacional.

A segunda consequência da CMJ é a tendência de depreciar as vítimas das injustiças. As pessoas que aderem a essa crença com mais força acreditam que os indivíduos recebem o que merecem e, consequentemente, se recebem infortúnios é porque procuraram de alguma maneira. Daí a tendência a desvalorizar as vítimas das injustiças e também a tendência a culpabilizá-las.

Lerner, o autor dessa teoria, afirma que desvalorizar as vítimas das injustiças é uma forma de proteger a crença pessoal num mundo justo. Ou seja, se acreditamos que o mundo é justo, logo acreditamos que, quando algo mau acontece com alguém, é porque essa pessoa mereceu ou é culpada pelo que lhe aconteceu.

A humanidade convive e tolera o sofrimento e a privação de muitas vítimas inocentes. Com os meios de comunicação, hoje isso se torna mais proeminente, pois temos informações de todos os cantos do mundo, tornando impossível seres indiferentes aos percalços por que passam, por exemplo, as vítimas da pobreza extrema de alguns países ditos de terceiro mundo, inclusive o Brasil.

Isso gera a noção de que vivemos num mundo imprevisível, inseguro e, mais ainda, pode gerar culpa. Por isso a Crença no Mundo Justo pode ser uma ilusão fundamental para o senso de sanidade e segurança das pessoas. É a consequência inevitável do desejo de um ambiente estável, seguro e previsível. De outra forma, como poderíamos viver com confiança e tranquilidade com o conhecimento de que muitas pessoas confrontam com tragédias?

Realmente esta crença pode ter esta função de adaptar o indivíduo à convivência com o sofrimento alheio. Culpar a vítima, portanto, seria apenas uma forma de aliviar a tensão entre a realidade e a crença. Seria a tentativa de confirmar a Crença no Mundo Justo a todo custo em prol do conforto psíquico de acreditar na previsibilidade das situações.

No entanto, esse mecanismo aparentemente inofensivo tem inúmeros desdobramentos sociais nefastos, como a perpetuação e a justificação da discriminação, da exclusão social e de situações calamitosas como o *apharteid* na África, o holocausto na Alemanha, as vítimas civis de guerra entre tantas outras. As evidências indicam que para aceitar tais situações, as pessoas ou negam a realidade ou a justificam, incriminando as vítimas, assim como os alemães acreditavam que os judeus eram uma raça impura e por isso mereciam os campos de concentração. Ou como as pessoas acreditam que os portadores do vírus da Aids estão pagando o preço da promiscuidade sexual, ou que a mulher que sofreu um estupro teve sua parcela de culpa pois estava com roupas provocantes. Ou que alguém está com câncer porque fumava, ou que alguém é pobre por ser preguiçoso e tantos outros exemplos que poderíamos citar.

Ficamos assim diante de um paradoxo, pois, ao desvalorizarmos as vítimas de injustiça nos sentimos melhor, mas também acabamos sendo injustos com essas pessoas.

Uma característica muito interessante dessa teoria é que seu autor considera essa crença universal, ou seja, ela existe em todas as culturas. No entanto, o grau com que as pessoas aderem a essa crença pode variar de acordo com grupos e culturas. *Furnham* (1985) comparou a Crença no Mundo Justo em jovens ingleses e em jovens sul-africanos brancos que falam inglês e constatou que estes últimos demonstraram uma maior Crença no Mundo Justo. A pesquisadora concluiu que os jovens sul-africanos mantêm uma maior Crença no Mundo Justo que os jovens ingleses. Isso porque os jovens africanos precisam manter um maior nível de crença no mundo justo a fim de explicar e justificar as numerosas injustiças muito visíveis em seu país. A autora dessa pesquisa afirma que essa crença é retida e socializada através das gerações por um funcionamento individual e societal com a finalidade intrínseca de condenar e desvalorizar as vítimas do *apartheid*.

OS CORRELATOS DA CRENÇA NO MUNDO JUSTO

A partir do final da década de 1980, muitos estudos sobre a Crença no Mundo Justo começaram a procurar variáveis correlacionais. Isso significa que os estudiosos começaram a procurar alguns fatores que se relacionam com a crença no mundo justo.

Uma relação de correlação se caracteriza por ser recíproca, ou seja, as variáveis relacionam-se mutuamente: da mesma forma que A influencia B, B influencia A. Vamos apresentar a seguir algumas variáveis investigadas como correlacionadas à Crença no Mundo Justo.

Alguns estudos demonstram que a crença no mundo justo é correlacionada com o autoritarismo. O autoritarismo foi investigado num importante trabalho da psicologia social realizado por *Adorno* (1950).

Seria previsível que as pessoas com forte Crença no Mundo Justo tenderiam a idealizar e admirar os líderes e aqueles que estão no poder. Pois baseados nessa crença, os que se encontram em situação privilegiada são melhores e merecem suas posições de responsabilidade. Da mesma forma, as pessoas que não estão em posição de autoridade são piores e não merecem estar em posições elevadas. Seria esperado então que aqueles com forte Crença no Mundo Justo tenderiam a ter um comportamento autoritário, sobretudo tendo uma atitude de hostilizar e discriminar os excluídos.

Isto significa dizer que quanto mais as pessoas são autoritárias, maior nível de crença no mundo justo elas possuem.

Um dos correlatos mais consistentes da Crença no Mundo Justo é a adesão às atitudes sociais e às políticas conservadoras. Estudos na população norte-americana e inglesa demonstraram forte correlação dessa crença com o apoio às instituições sociais e políticas existentes, e com o voto nos partidos conservadores.

É previsível a relação dessa crença com todos os artifícios ideológicos que visam sustentar os atuais padrões de distribuição das riquezas. Portanto, realmente é previsível essa ligação da Crença no Mundo Justo com conceitos que têm esse mesmo papel tais como a ênfase no sucesso, a valorização dos poderosos, a defesa da propriedade privada, o conservadorismo político, a resistência às mudanças sociais e a aprovação das instituições existentes.

Da mesma forma, a crença no mundo justo tem uma correlação negativa com as atitudes sociais diante da pobreza e dos pobres. Ou seja, quanto maior a crença no mundo justo, menor a simpatia das pessoas em relação aos pobres. A hipótese já foi testada e confirma que as pessoas com alta Crença no Mundo Justo são pouco simpáticas aos pobres.

Existem estudos que afirmam que a crença no mundo justo pode incentivar atitudes favoráveis aos injustiçados, dependendo dos custos para o indivíduo. Caso esse custo seja muito elevado, a tendência a culpar as vítimas permanece. Ou seja, se uma pessoa se depara com outra em situação de injustiça, ela pode se sentir propensa a ajudá-la desde que não seja algo muito difícil para ela. No entanto, caso a ajuda custe muito, as pessoas tendem a desvalorizar as vítimas. Isso nos lembra a teoria da equidade que prevê que as pessoas tendem a desfazer as desproporcionalidades, desfazendo as injustiças concretamente ou apenas psicologicamente. Se a pessoa pode ajudar, ela ajuda e contribui efetivamente para a diminuição das injustiças, mas se ela não pode ajudar, ela desvaloriza a vítima e desfaz para si mesmo a injustiça, reencontrando o conforto psicológico.

Também se tem investigado a atitude dessas pessoas em relação aos assuntos feministas, às armas nucleares, e aos benefícios sociais. Sendo que se constatou que as pessoas com alta Crença no Mundo Justo são pouco simpáticas aos temas feministas e aos benefícios sociais, sendo mais favoráveis às armas nucleares. Esses dados são bem compatíveis com o conservadorismo político como descrevemos há pouco.

Existem estudos sobre a correlação do *locus* de controle interno e a Crença no Mundo Justo, embora essa correlação possa ser explicada também pelo fato de esses conceitos serem similares. Uma pessoa tem um *locus* de controle interno quando ela acredita que pode determinar sua própria sorte através de suas ações, isto significa que a pessoa possui a crença de que ela é totalmente responsável pelo que acontece em sua vida. Mas se a pessoa possui um *locus* de controle externo, ela vai possuir a crença de que a ação de fatores externos vai exercer o papel predominante nos acontecimentos de sua vida, como, por exemplo, a sorte, o destino ou uma força superior.

Por exemplo, se uma pessoa se depara com uma tragédia, ela pode encontrar várias causas para esse acontecimento. Se ela possui um *locus* de controle interno ou uma alta crença no mundo justo, vai acreditar que fez algo para merecer essa tragédia. No entanto, se ela possui um *locus* de controle externo e uma baixa crença no mundo justo, vai acreditar que essa tragédia aconteceu com ela por azar, ou por algum tipo de determinação externa tal como a vontade de uma divindade ou um complô político.

Indaga-se, também, se a experiência individual com a injustiça influencia na diminuição da CMJ. Baseados nisso, poder-se-ia prever que as pessoas que enfrentam a discriminação tais como os negros ou as mulheres teriam níveis menores de crença no mundo justo. O contrário aconteceria com os homens brancos que raramente enfrentam situações de discriminação. Mas apenas foi confirmado que os negros possuem menor CMJ do que os brancos. A diferença de crença num mundo justo entre homens e mulheres ainda não foi demonstrada.

Uma questão importante é que a maioria dos estudos sobre Crença no Mundo Justo são aplicados às populações norte-americanas, existindo, portanto, uma lacuna sobre a aplicação e as implicações desse conceito em outras culturas.

Podemos perceber que essa dúvida do que pode ser considerado universal ou do que deve ser considerado regional ou característico de determinados grupos, é uma questão muito importante para a psicologia social da justiça. Portanto, vamos dedicar esse capítulo para nos aprofundar nessa questão, sem, no entanto, pretender esgotá-la ou muito menos restringi-la somente a este capítulo. Como veremos, essa questão está sempre presente nos temas e investigações sobre a psicologia da justiça.

PSICOLOGIA TRANSCULTURAL E JUSTIÇA

Inicialmente a psicologia social da justiça tinha uma visão universalista, fruto do positivismo do início do século XX predominante na época. Por isso, ela se preocupava em encontrar leis universais que regem os comportamentos humanos. No entanto, ao perceber o poder das influências culturais em moldar o comportamento humano, os pesquisadores foram gradualmente se afastando desta concepção e foram surgindo os estudos transculturais que procuravam as semelhanças e as diferenças de comportamentos e de processos mentais entre culturas diferentes. Enfim, as pesquisas psicológicas da justiça se afastaram da concepção teórica de que os dados encontrados em estudos de uma única cultura podem representar os processos básicos humanos e por isso passaram a questionar e testar a validade cros cultural das teorias existentes.

No entanto, o que nos parece evidente é que existem tanto aspectos universais quanto especificidades culturais na maneira como as pessoas pensam e reagem ao tema "justiça", como afirma *Tyler*, *Smith* e *Huo* (1997).

O incesto, por exemplo, tem sido considerado uma regra praticamente universal. A ponto de ser considerado a norma máxima que vai fundamentar todo o respeito às normas sociais no desenvolvimento infantil. É o que considera um psicanalista francês chamado *Lacan*. Para ele, quando a criança internaliza a proibição do incesto, ela passa a possuir uma parte da estrutura da personalidade, que se caracteriza pela internalização pelo sujeito das normas sociais e culturais.

Por outro lado, em algumas comunidades africanas, a prática da mutilação do clitóris das moças ainda virgens é considerado totalmente justo, o que para outras culturas, como a nossa, seria um crime cruel.

Mas existem também teorias, como a crença no mundo justo e a equidade, que foram testadas em diversas culturas e confirmadas em todas elas, mas nem por isso foram eliminadas as diferenças culturais, pois foram encontradas diferenças na maneira como as pessoas aderem e utilizam essas regras.

Concluímos, portanto, que existem aspectos que parecem presentes em todas as culturas, mas que mesmo assim apresentam suas especificidades culturais, enquanto que existem outros aspectos que são bem específicos de uma dada comunidade ou mesmo de um grupo específico.

OS QUATRO NÍVEIS DE ANÁLISE

Para compreender melhor esses aspectos universais e específicos da psicologia, podemos utilizar o pensamento de um autor chamado *Doise* (2002), que contribuiu muito com o desenvolvimento da psicologia ao definir quatro níveis de análise que a psicologia pode utilizar e que estão presentes, de uma forma ou de outra, nos trabalhos dos psicólogos atuais:

- Primeiro nível (ou nível intraindividual): focaliza como os indivíduos organizam suas experiências pessoais no meio ambiente. O ponto central é o indivíduo, como ele vive seus conflitos, quais soluções ele adota, como acontece o desenvolvimento da criança, por que uma determinada pessoa desenvolveu um comportamento criminal, etc.
- Segundo nível (ou nível interindividual ou situacional): que focaliza as interações dos indivíduos. O ponto central são os relacionamentos entre as pessoas, como elas reagem umas com as outras em determinadas situações. Como, por exemplo, por que um casamento pode acabar em violência contra a mulher? Qual o papel da educação ou do relacionamento entre pais e filhos no desenvolvimento do comportamento criminal?
- Terceiro nível (ou nível intergrupal): focaliza as diferentes posições que os indivíduos ocupam nas relações sociais. O ponto central é o posicionamento que os indivíduos adotam enquanto participantes de determinados grupos. São estudos que focalizam a categorização social, o preconceito, a posição política das pessoas em relação a temas polêmicos como o aborto, a justiça, as injustiças, as catástrofes naturais e provocadas, entre outros.
- Quarto nível (ou nível societal): focaliza as produções culturais e ideológicas de um grupo ou de uma sociedade, que dão significação aos comportamentos dos indivíduos, e sustentam as diferenciações sociais. Esse nível é bem complexo e detém a maioria dos aspectos universais, pois é o resultado de estruturas profundas construídas num tempo longo de história da humanidade, que denominamos de ideologias.

Vamos usar novamente o exemplo da Crença num Mundo Justo (CMJ) para explicar melhor esses níveis de análise.

PRIMEIRO NÍVEL	SEGUNDO NÍVEL	TERCEIRO NÍVEL	QUARTO NÍVEL
EXPLICAÇÕES INTRA-INDIVIDUAIS	EXPLICAÇÕES INTER-INDIVIDUAIS	DIFERENÇAS INDIVIDUAIS NAS RELAÇÕES SOCIAIS	PRODUÇÕES SOCIAIS E IDEOLÓGICAS
CMJ COMO UMA NECESSIDADE INDIVIDUAL PARA A SANIDADE MENTAL	A DESVALORIZAÇÃO DAS VÍTIMAS PARA RESTABELECER A **CMJ**	A **CMJ** COMO DIFERENÇAS INDIVIDUAIS NO SISTEMA DE CRENÇAS	A **CMJ** COMO UNIVERSAIS IDEOLÓGICOS

- No primeiro nível localizam-se as explicações de ordem intraindividual, ou seja, teorias e pesquisas que tentam explicar os processos mentais nos indivíduos. A Crença no Mundo Justo é descrita como uma ilusão essencial à sanidade do indivíduo, ou seja, as pessoas precisam acreditar que elas recebem as recompensas e os castigos merecidos aos seus atos. Ela é um processo mental importante, que acontece em cada indivíduo, e que garante a saúde mental de cada um.

- No segundo nível de análise de *Doise* localizam-se as explicações de ordem interindividual, ou seja, as teorias e pesquisas que focalizam as relações entre as pessoas. Há hoje, praticamente, um consenso de que a Crença no Mundo Justo tem como consequência social nefasta a desvalorização das vítimas, ou seja, quando um indivíduo entra em contato com o sofrimento de alguém, ele tende a desvalorizar esta pessoa a fim de restabelecer sua Crença no Mundo Justo. No relacionamento entre as pessoas, essa crença vai explicar porque algumas pessoas culpam as outras pelo seu próprio sofrimento.
- Já no terceiro nível, *Doise* (2002) propõe a investigação das diferenças individuais nas relações sociais. *Furnham* e *Procter* (1989) afirmam que a CMJ tem sido considerada pelos pesquisadores como uma diferença individual no sistema de crenças. Isto significa que algumas pessoas acreditam mais e outras menos que o mundo é um lugar justo. Cada pessoa tem um modo de pensar e acreditar, e isso é também determinado pelos grupos dos quais elas participam, por exemplo, se a pessoa faz parte de um grupo conservador da elite do país, ela tenderá a pensar que ela é rica porque se esforçou e que o pobre é pobre porque não se esforçou o bastante. Ou seja, ela vai possuir as crenças que são próprias de seu grupo social.
- E, finalmente, no quarto nível proposto por *Doise*, estão as explicações que incluem as produções sociais e ideológicas. Pelo que tudo indica, as pessoas do mundo todo possuem, em algum grau, a crença de que o mundo é justo. Isso porque essa crença vem sendo construída e reafirmada durante séculos, sobretudo porque ela justifica e dá legitimidade à distribuição desigual de bens. Ela também tem um valor explicativo para as pessoas das diferentes sociedades, dando sentido aos acontecimentos da vida cotidiana.

Portanto, para realmente compreender as concepções das pessoas sobre a justiça temos que considerar as influências dos grupos, das culturas e das sociedades. Um eminente psicólogo chamado *Tajfel* (1984) fez algumas críticas aos estudos psicológicos sobre a justiça que podem ser resumidas em duas considerações.

AS CRÍTICAS DE TAJFEL

A primeira crítica de Tajfel às teorias psicológicas da justiça refere-se ao fato de que estes estudos tratam da questão da justiça apenas em seu aspecto interindividual. Eles partem do pressuposto de que as interações entre os indivíduos, dentro de um contexto, são prescritas por determinados comportamentos considerados apropriados e que, portanto, são aplicados às situações e compartilhados por todos. No entanto, para Tajfel (1984), essas teorias deveriam ser transpostas para uma psicologia das relações intergrupais, traduzindo em larga escala o fenômeno social que se torna realidade psicológica para cada indivíduo envolvido nesse sistema. Inclusive porque isso não acontece de forma simétrica ou consensual, mas existem grandes diferenças, por exemplo, entre o que um grupo prescreve como justo e o que um outro grupo determina como tal.

Isto significa que as concepções de justiça que as pessoas expressam em suas palavras, decisões e atitudes, não são um fenômeno puramente individual, pelo contrário, a realidade subjetiva vivida por cada pessoa é antes de tudo uma realidade social e compartilhada por grupos e culturas. Um americano vai viver a morte de um ente querido de maneira bem mais prática e racional que um brasileiro. Podemos considerar que a dor da perda é uma experiência profundamente individual, mas ela vai ser vivida inserida numa determinada cultura.

O psicólogo francês chamado *Rouquette* (1994) explica esse pensamento compartilhado socialmente considerando que os indivíduos de uma mesma cultura herdam noções, atitudes, opiniões e esquemas de ação semelhantes e característicos. Eles recebem essa herança de seus grupos de pertença que, por sua vez, é fruto de uma história que ultrapassa a singularidade pessoal. Por isso, grande parte das atividades cognitivas dos indivíduos tem como principal função harmonizar suas experiências cotidianas com essa herança histórico-cultural, ou seja, organizar o pensamento de tal forma que as experiências vividas sejam interpretadas de maneira compatível com aquilo que já é sabido, conhecido e legítimo.

No caso, por exemplo, do advento da era da informática, podemos perceber nitidamente a diferença entre os jovens e crianças que convivem com as novidades digitais desde que nasceram, e as pessoas que estão tentando se adaptar a essa nova realidade. O que já faz parte de uma herança cultural para uma geração é uma novidade para outra. As pessoas dessa geração vão fazer um trabalho cognitivo de comparar o novo com aquilo que elas já conhecem comparando, por exemplo, o computador com uma máquina de escrever ou o celular com o telefone fixo.

Mas isso tudo vai depender do grupo ao qual essa pessoa pertence, pois sabemos que no mundo ainda existem grupos sociais que são totalmente excluídos dessa realidade digital, crianças que crescem sem oportunidades de contato e de convivência com essa realidade e por isso podem ter menos oportunidades de alcançar postos de trabalho mais qualificados. Temos também uma geração de pessoas da terceira idade que encontram dificuldades para sacar a aposentadoria nos caixas eletrônicos dos bancos, por exemplo.

As crianças que sofrem do que chamamos hoje de exclusão digital não fazem parte do mesmo grupo de crianças que já recebem essa realidade digital como herança. Da mesma maneira que os aposentados que têm dificuldades com os caixas eletrônicos também não fazem parte do mesmo grupo que os jovens, que nunca viram ou utilizaram uma máquina de escrever.

São realidades diferentes, vividas por pessoas diferentes, que em alguns aspectos fazem parte de grupos diferentes e em outros podem participar de um mesmo grupo. Podemos encontrar numa mesma família um vovô que tem dificuldades em se adaptar a realidade digital e um neto plenamente conhecedor de todas as novidades dessa área.

Mas se considerarmos um tema mais polêmico, como o casamento entre homossexuais, vamos encontrar opiniões mais apaixonadas, atitudes mais radicais, diferenças bem nítidas entre os grupos e, sobretudo, uma maior pressão do grupo a fim de que cada indivíduo se alinhe com as crenças e valores do grupo sobre o assunto.

Digamos que uma pessoa participe de um grupo radicalmente contra o casamento homossexual, mas que, por alguma razão, essa pessoa tenha uma opinião favorável a esse respeito. Nesse caso, ela vai viver um conflito entre a sua consistência cognitiva e sua pertença social. Ou seja, ela vai ficar entre se manter coerente com o que pensa ou ser aceita e fazer parte de seu grupo social. E nesse sentido, *Rouquette* (1994) advoga uma primazia da pertença grupal, ou seja, nesses casos, a tendência dos indivíduos seria ceder ao pensamento do grupo. Essa prevalência da pertença grupal é proveniente da importância da estabilidade relativa dos sistemas de referência cognitiva, promovendo certo conservadorismo nos valores, nas categorizações sociais e, enfim, no pensamento social em geral. Isso significa que o conservadorismo do pensamento social serve para manter certa estabilidade e coerência das ideias compartilhadas pelos grupos sociais, a fim de manter um sistema de referência cognitiva para os indivíduos. É por isso que as mudanças no pensamento social ocorrem de forma lenta e gradual, a partir de grupos que prontamente aderem às mudanças enquanto outros permanecem no conservadorismo por muito tempo.

Portanto, a filiação dos indivíduos a determinados grupos exerce papel fundamental em suas concepções e, consequentemente, em seus comportamentos referentes à justiça. Em relação à justiça distributiva, por exemplo, temos atualmente ordens católicas que fazem voto de pobreza e igrejas evangélicas em que cresce a difusão da teologia da prosperidade. O que significa dizer que há uma diferença entre esses dois grupos, e em seus filiados, em relação à compreensão do papel das riquezas e de sua distribuição. Além disso, dentro do próprio catolicismo existe um grande acúmulo de riquezas no Vaticano, assim como dentre os evangélicos, existem grupos que não adotam a teologia da prosperidade. Isso demonstra como são vastas e significativas as diferenças colocadas pelas afiliações grupais, pois o fato de a pessoa pertencer a um determinado grupo da igreja evangélica vai influenciá-la a acreditar que quem é mais rico é mais abençoado por Deus. Enquanto que, se a pessoa fizer parte de um grupo católico, ela vai ser influenciada a crer que, a pobreza é o sacrifício terreno para alcançar o reino dos céus. O que queremos demonstrar é que a identificação da pessoa com um grupo determinado vai influenciar em suas concepções de justiça distributiva, e, portanto, deve ser considerada como variável dentro dos modelos propostos pelas teorias da justiça.

Passemos agora à segunda consideração retirada do pensamento de *Tajfel* (1984), quando ele critica a psicologia da justiça. Essa segunda crítica é direcionada ao fato de essas teorias serem concebidas como se cada indivíduo começasse do zero suas considerações e concepções de justiça. Como se cada indivíduo começasse esse processo totalmente ingênuo e descontextualizado. Na verdade, há o que *Tajfel* (1982) chama de reducionismo psicológico, que são tentativas de explicar as complexidades do comportamento coletivo ou social em termos de processos individuais ou relacionais.

Logicamente que, se considerarmos que as concepções de justiça das pessoas não acontecem de forma puramente individual, mas que são construídas dentro de um contexto grupal e histórico, vamos perceber que também o processo individual de construção da concepção daquilo que é justo ou injusto não acontece somente a partir do pensamento e do desenvolvimento da criança ou do indivíduo, mas tem a marca fundamental da socialização dessa criança ou desse indivíduo.

Por isso, essas teorias pecam por não considerar que as crianças ao serem educadas recebem uma herança cultural e histórica que vai moldar suas concepções de justiça. Desde muito cedo, os pais, a escola, as instituições e, enfim, a sociedade vão ensinar para essas crianças o que é socialmente considerado justo e o que não é. Ganhar um jogo por meios honesto é justo, mas trapacear não é, obedecer e respeitar as autoridades é justo, e assim, as crianças vão recebendo regras e valores que vêm sendo trabalhados, confirmados e transmitidos através de gerações.

Portanto, as concepções de justiça dos indivíduos contêm a história cultural de seu grupo social. É essa a principal conclusão a que chegamos por meio das críticas de *Tajfel* às teorias psicológicas da justiça.

Podemos finalizar este capítulo com um último exemplo, concluindo que as concepções de justiça variam de acordo com os grupos sociais, mas que também podem ser universais, ou seja, válidas em todas as culturas humanas. Isso depende da perspectiva com a qual olhamos para o fenômeno, à semelhança de um *zoom* de uma máquina fotográfica. Podemos olhar para as concepções mais gerais da justiça, para as regras máximas que têm sido legitimadas por grande parte das culturas humanas, como o mandamento "não matar", o tabu do incesto, a crença num mundo justo, a equidade e outros mais. Podemos também nos interessar pelos aspectos menos consensuais, que carregam as diferenças entre os indivíduos ou grupos sociais, como a monogamia e a poligamia, a pena de morte e outros.

O interessante, no entanto, é conseguir articular essas diferentes perspectivas, tendo sempre em vista que existem aspectos mais consensuais e aspectos mais específicos nas concepções das pessoas a respeito da justiça.

No próximo capítulo, vamos abordar uma teoria da psicologia social que tem o mérito de possibilitar uma análise do pensamento social considerando esses diferentes aspectos. Essa teoria, conhecida como representações sociais, possibilita um grande avanço na articulação dos diferentes níveis de análise de um mesmo objeto de estudo. Através dessa teoria pretendemos também explicar como acontecem as mudanças do pensamento social que acabam por gerar mudanças nas leis. Assim, poderemos entender por que muitas leis não saem do papel e permanecem sem serem cumpridas, especialmente por alguns grupos sociais que resistem às mudanças propostas pelas leis.

CAPÍTULO IV

POR QUE MUITAS LEIS NUNCA SÃO COLOCADAS EM PRÁTICA? REPRESENTAÇÕES SOCIAIS, IMPLICAÇÃO PESSOAL E PRÁTICAS

AS REPRESENTAÇÕES SOCIAIS

O psicólogo, atualmente muito reconhecido, chamado *Moscovicci*, demonstrou que as pessoas e as sociedades possuem teorias do senso comum compartilhadas para explicar os fenômenos e objetos sociais. Por exemplo, temos teorias para explicar por que surgiu a Aids e por que algumas pessoas são infectadas e outras não. Temos teorias para explicar o que é a globalização e quais os seus efeitos, enfim, temos explicações para tudo em nossas conversas cotidianas.

Não são teorias cientificamente construídas e testadas, mas são teorias construídas nas trocas sociais e que regem nossa compreensão das coisas bem como boa parte de nossas atitudes, condutas e comportamentos. Essas teorias foram nomeadas por *Moscovicci* de Representações Sociais.

Vejamos uma definição formalizada por *Jodelet* (2001):

> Forma de conhecimento corrente, dito senso comum, caracterizado pelas seguintes propriedades: 1. Socialmente elaborado e partilhado; 2. Tem uma orientação prática de organização, de domínio do meio (material, social, ideal) e de orientação de condutas e da comunicação; 3. Participa do estabelecimento de uma visão de realidade comum a um dado conjunto social (grupo, classe, etc.) ou cultural (p. 3).

É um conhecimento popular que podemos perceber nas conversas entre as pessoas, nas crenças populares, nos ditados, nos conselhos dos mais velhos, etc. Esse conhecimento é compartilhado por muitas pessoas, isto significa que muitas pessoas pensam da mesma maneira sobre determinados assuntos. E esses conhecimentos vão indicar às pessoas como elas devem agir em diferentes situações sociais, estabelecendo uma forma de ver o mundo, ou de enxergar a realidade que é própria de um grupo social ou cultural.

Não podemos esquecer que, embora esse conhecimento seja compartilhado por muitas pessoas, eles não são, de maneira nenhuma, consensuais, ou seja, eles dependem da pertença grupal dos indivíduos e por isso se diferenciam conforme o grupo do qual a pessoa participa.

Podemos ver as concepções de justiça das pessoas como representações sociais. Partindo do princípio que existem teorias do senso comum sobre aquilo que é justo, que estão presentes na maneira como as pessoas avaliam a distribuição de bens, os procedimentos de decisão ou a retribuição pelo mal causado (justiça distributiva, procedural e retributiva). Essas teorias são diferentes nos diversos grupos sociais e têm o papel de prescrever os comportamentos apropriados assim como um médico prescreve um remédio. Elas acabam por dar às pessoas de cada grupo uma forma de ver o mundo, uma interpretação da vida.

Existem grupos favoráveis e grupos desfavoráveis ao aborto. Para o grupo favorável, o comportamento de se submeter a um aborto não é algo a ser reprovado mas, para os grupos contrários, esse mesmo comportamento não deve ser praticado em nenhuma hipótese. Assim, a representação que as pessoas possuem do aborto vai reger também o comportamento delas a esse respeito, tanto o comportamento de recriminar ou aceitar alguém que fez um aborto, quanto, o comportamento de se submeter ou não à mesma prática.

Por isso a teoria das representações sociais tem sido muito utilizada pelos psicólogos sociais, pois ela alia a cognição às condutas e comportamentos. Isso significa que ela alia o que as pessoas pensam àquilo que fazem, mostrando que os nossos comportamentos também acontecem dentro de um enquadramento social.

No entanto, vale lembrar que essa relação do indivíduo e do meio não acontece de maneira unilateral, pois da mesma maneira com que o indivíduo recebe as heranças culturais do meio em que vive, ele também constrói seu próprio conhecimento, realizando sempre o trabalho cognitivo de se apropriar do conhecimento que ele recebe e, consequentemente, de transformá-lo à sua própria maneira.

Moscovicci descreveu como isso acontece afirmando que existem basicamente dois processos cognitivos que utilizamos para conhecer um novo objeto. Esses processos são conhecidos como objetivação e ancoragem. *Moscovicci* explica que quando algo novo ingressa no campo intelectual de um indivíduo ou grupo, um conflito é suscitado entre o medo do desconhecido e a necessidade de se conhecer. Ao mesmo tempo em que existe uma resistência ao novo, esse novo rapidamente se espalha. Isso acontece porque há um desejo de escapar do controle daquele que já domina o conhecimento, e por isso cada um se sente compelido a buscá-lo. Cada pessoa vai buscar informações sobre esse novo objeto, cada pessoa vai construir uma opinião, uma maneira de compreender a novidade. Para isso, as pessoas vão trocar ideias, vão conversar, vão ler, ver o que a mídia tem a dizer e assim assimilar essa novidade a sua maneira. Por isso, ao ser gradativamente incluído no conhecimento que chamamos de senso comum, essa nova informação passa por dois processos denominados de objetivação e ancoragem.

A objetivação é um processo que faz essa novidade se tornar uma realidade conhecida para as pessoas. De maneira que, quando pensamos em algo, não temos que ter uma descrição desse objeto para saber o que é. Pelo contrário, quando escutamos uma palavra conhecida, imediatamente temos a consciência, ou mesmo uma imagem associada a essa palavra, que nos faz saber do que se trata. Muitas vezes nem conseguimos definir o que significa uma palavra, mas simplesmente sabemos do que se trata.

Quando a Aids se transformou em notícia na mídia e foi anunciada como a epidemia do século, as pessoas se sentiram compelidas a conhecer essa doença ameaçadora, muitos procuravam estar atentos às notícias e reportagens. Muitos conversavam e trocavam ideias com outras pessoas e havia um sentimento de estranheza em relação a esse novo objeto social. No entanto, atualmente, quando falamos a palavra "Aids", as pessoas já sabem do que se trata, já possuem um sentimento de controle desse conhecimento, de que essa doença é algo conhecido.

Mas para chegarem a esse ponto as pessoas encaixaram a Aids num sistema de conhecimento que elas já possuíam. Grande parte das pessoas relacionaram a Aids a outras doenças que são transmitidas por fluidos do corpo, a ideia de contágio e também a ideia de castigo divino ao contato sexual. Esse processo foi nomeado por *Moscovicci* de ancoragem.

A ancoragem parte do princípio de que, quando um indivíduo pensa num novo objeto, ele não o pensa no vazio, como se sua mente fosse um quadro em branco. Pelo contrário, ele compara esse objeto com algo já conhecido e o categoriza dentro das complexas redes de conhecimento que já possui.

Anteriormente, tratamos do fato de que as pessoas recebem uma herança cultural e que por isso grande parte do trabalho do pensamento das pessoas tem o objetivo de assimilar as novidades a essas ideias herdadas. É exatamente disso que se trata o processo de ancoragem, pois as pessoas possuem um sistema de pensamento socialmente compartilhado que exige uma certa coerência entre seus elementos.

Por exemplo, quando uma novidade se choca com um conhecimento já adquirido, acontece uma dissonância cognitiva e o indivíduo vai ter que resolvê-la. Ele pode negar a veracidade da novidade ou considerá-la como uma exceção à regra, mas se essa novidade persistir e chegar ao ponto de mudar a forma como esse indivíduo se comporta, então ele provavelmente vai descartar o velho pensamento e substituí-lo pelo novo.

Mas quando essa novidade não se choca com o conhecimento adquirido, ela vai ser acomodada no sistema de pensamento dessa pessoa dentro de uma hierarquia, próxima de algumas ideias semelhantes, que podem ajudar a compreender esse novo objeto.

Mas isso não acontece apenas com um indivíduo de forma isolada, essa novidade é apresentada a muitas pessoas que fazem esse mesmo trabalho e que se comunicam entre si, fazendo circular explicações, rumores, opiniões e crenças, que fazem com que essa novidade, e a maneira como as pessoas vão compreendê-la, aconteça de forma compartilhada socialmente.

Vamos analisar isso a partir de um exemplo mais palpável, como a promulgação de uma nova lei de caráter polêmico. Antes que ela seja aprovada, a sociedade se mobiliza e rapidamente se organiza em grupos favoráveis e grupos contrários à aprovação dessa lei. Isso acontece principalmente entre os grupos que se sentem afetados pelas mudanças que a lei impõe. Mas para que isso aconteça, houve um intenso trabalho cognitivo dentro desses grupos para compreender essa nova lei e perceber em que ela se choca com suas convicções, pensamentos ou práticas, e enfim o trabalho de construir argumentos contrários à aprovação da lei. Para isso as pessoas vão utilizar o conhecimento que elas já possuem a fim de acomodar ou de ancorar essas novas informações.

Através da objetivação e da ancoragem, as novidades vão sendo incluídas nesse pensamento social preexistente, e vão gradualmente participando das teorias que as pessoas possuem para explicar e interpretar os fatos sociais.

A maneira como as pessoas vão objetivar e ancorar essas novas informações vai determinar a prescrição dos comportamentos apropriados dentro das situações que elas vão viver e que são relacionadas a essas novas informações. É por isso que algumas leis depois de promulgadas nunca são realmente cumpridas, como no caso da paternidade como um direito da criança. Embora, no entendimento da lei, o nome do pai no registro de nascimento possa ser considerado um direito da criança, a prática de registrar a criança sem o nome paterno continua bastante frequente, pois velhas crenças e valores de cunho essencialmente sexistas ainda prevalecem.

Vemos também o esforço das ações do Estado a fim de conscientizar as pessoas a se protegerem contra a Aids, mas as regras sociais prescritas para o comportamento sexual, principalmente dos jovens, falam mais alto. É por isso que, apesar de todo esforço do estado, as pessoas continuam utilizando a camisinha apenas com parceiros que não conhecem ou no início de um relacionamento.

O que queremos demonstrar com isso é que essas teorias do senso comum são essenciais para compreendermos o pensamento e o comportamento social e por isso podem dar valiosa contribuição ao entendimento das concepções de justiça.

AS LEIS E AS REPRESENTAÇÕES SOCIAIS

Existe uma íntima relação entre a promulgação e aplicação da legislação e as representações sociais. Podemos considerar alguns pontos dessa inter-relação:

1. A criação de uma nova lei já é um sinal de uma mudança nas representações sociais dos objetos em questão. Isso porque uma lei não é promulgada fora de seu tempo, ela é inserida historicamente no pensamento social de uma época. Por isso, quando ela chega a ser cogitada significa que, pelo menos para alguns grupos, as representações sociais estão em processo de mudança. Teoricamente, já é sabido que as representações sociais mudam a partir das mudanças de práticas, de onde podemos inferir que grande parte das leis vem oficializar uma mudança de práticas que já ocorreu. A maior participação da mulher no mercado de trabalho impôs a criação de muitas leis, como a licença-maternidade e a cota de mulheres nas candidaturas polí-

ticas. Mas essas leis só foram propostas depois que já havia uma prática estabelecida, ou seja, depois que as mulheres já tinham conquistado um espaço significativo no mundo do trabalho.

2. Como as leis são escritas por uma classe dirigente, muitas vezes elas não coincidem com as representações sociais dos grupos que não fazem parte dessa classe. E surgem então as dificuldades na aplicação da lei, já que ocorre, como acabamos de descrever, um choque entre as práticas já adquiridas e a nova prática imposta pela lei. É muito difícil mudar uma prática já estabelecida e, por isso, a simples promulgação da lei não é suficiente para mudar o comportamento das pessoas. Daí a necessidade de mecanismos de controle e punição, que nem sempre se demonstram eficientes. Portanto, as leis permanecem nos papéis sem nunca serem realmente aplicadas. Podemos citar como exemplo o fato de muitos artigos do Estatuto da Criança e do Adolescente serem cotidianamente descumpridos, pois vão ao encontro de velhas crenças e práticas sobre educação de filhos.

Algumas leis exercem um papel educativo por parte do Estado em relação aos cidadãos. Como afirma *Rouquette* (1999), o Estado possui uma representação daquilo que seria o cidadão ideal. Por exemplo, poderíamos pensar que para o Estado brasileiro atualmente, o cidadão ideal seria aquele que registra seus filhos com o nome do pai, que respeita os direitos da criança e do adolescente, que paga impostos, que dirige na velocidade indicada nas rodovias, que não dirige embriagado, etc.

Essas leis prescrevem comportamentos adequados para os cidadãos, ou seja, elas estabelecem práticas. No entanto, algumas dessas práticas estabelecidas pelas leis vão de encontro às práticas estabelecidas pelas representações sociais de alguns grupos sociais. Temos por exemplo as leis que proíbem os comportamentos discriminatórios, mas, para alguns grupos, esses comportamentos fazem parte daquilo que eles valorizam enquanto práticas. Então surge um conflito entre as condutas prescritas pela lei e as condutas prescritas pelo grupo. Como o grupo é mais próximo e mais importante para o indivíduo do que o Estado, o indivíduo vai tender a continuar seguindo as práticas prescritas pelo grupo e descumprindo as leis.

Então temos que relembrar as questões da justiça retributiva para percebermos o papel da punição como fator de mudança de comportamento. Como vimos anteriormente, através de medidas punitivas, o Estado vai constranger os indivíduos e seus grupos a mudarem de práticas, mas esse processo pode ser difícil e depender de vários fatores. Um dos fatores que vai influenciar nesse processo é a implicação pessoal, pois quanto mais o indivíduo se sentir implicado na situação mais ele vai se sentir propenso a mudar de conduta, como veremos a seguir.

AS LEIS E A IMPLICAÇÃO PESSOAL

A adesão das pessoas ao comportamento prescrito por uma nova lei vai depender do nível de implicação da pessoa, ou seja, vai depender do quanto essa nova lei é importante para a vida dessa pessoa em questão.

Rouquette propôs pela primeira vez, em 1988, o conceito de implicação pessoal como um referencial subjetivo que traduz a relação do indivíduo com o objeto social. Temos que lembrar que esse referencial é determinado socialmente. Ele decompôs a implicação pessoal em três dimensões denominadas valorização do objeto, identificação pessoal e possibilidade percebida de ação. Vamos analisar abaixo cada uma delas:

1. Valorização do objeto — é o que determina a importância dada pelo sujeito ao objeto em questão. Podemos dizer que o sujeito pode valorizar muito uma lei ao ponto de pensar que essa lei é para ele uma questão de vida ou morte. O contrário também pode acontecer, levando o indivíduo a pensar que essa lei não tem nenhuma importância. Entre esses dois extremos existe um contínuo, ou seja, o indivíduo pode apresentar várias gradações de valorização do objeto, desde a extrema valorização até a nenhuma valorização. Percebemos a paixão de algumas pessoas pela ecologia e preservação do planeta, que as levam a militar para aprovar leis que restringem a destruição da natureza. No entanto, para outras pessoas, essas leis parecem totalmente indiferentes. Há também aqueles que se sentem apenas satisfeitos, ou insatisfeitos, com a aprovação desse tipo de leis.

2. Identificação pessoal — é uma estimativa da proximidade do objeto em questão. Uma lei pode afetar especificamente a vida de uma pessoa ou de um grupo social. Mas pode acontecer também dessa lei ser indiferente para a vida de uma pessoa ou de um grupo. A intensidade com a qual a pessoa vai se preocupar em cumprir a lei, mudando seus comportamentos e práticas, vai depender da proximidade das consequências dessa lei em relação ao indivíduo. Se a lei afeta minha vida, ou de meus parentes próximos, ou dos amigos íntimos, eu vou me preocupar mais com a lei do que se ela afetar pessoas desconhecidas. Por exemplo, quando o poder legislativo vai aprovar aumento de salário para uma categoria de funcionários públicos, logicamente que o projeto é de extrema importância para as pessoas que fazem parte do grupo que vai receber o aumento. Para as pessoas que não fazem parte desse grupo, o projeto tem menos importância, com certeza.

3. Possibilidades percebidas de ação — é o sentimento das pessoas de poderem ou não fazer algo em relação ao objeto social. Ela forma uma gradação que vai desde o sentimento de total controle da situação até o sentimento de completa impotência frente ao objeto, ou a lei, em questão. Por exemplo, quando os deputados aprovam um aumento para eles mesmos, a população se sente insatisfeita, porém completamente impotente frente à situação, ou seja, a população se sente afrontada mas sem nenhuma possibilidade de ação. Mas quando chega a época das eleições, a população pode agir, pois só depende dela quem vai ser reeleito ou não. O mesmo acontece no caso da ecologia, pois se as pessoas sentirem que seus pequenos atos pró-ecológicos podem salvar o planeta, elas vão se preocupar em realizá-los. No entanto, se elas sentirem que seu pequeno esforço não vale nada diante das outras pessoas e das grandes indústrias que insistem em poluir o planeta, é bem possível que elas abandonem seu comportamento ecologicamente correto.

IMPLICAÇÃO PESSOAL	DEFINIÇÃO	POLOS EXTREMOS	EXEMPLO
VALORIZAÇÃO DO OBJETO	IDENTIFICA A IMPORTÂNCIA PARA O INDIVÍDUO	"É UMA QUESTÃO DE VIDA OU MORTE" "É UMA QUESTÃO SEM NENHUMA IMPORTÂNCIA"	POSSO SER UM MILITANTE DAS CAUSAS ECOLÓGICAS; POSSO ACHAR QUE AS CAUSAS ECOLÓGICAS SÃO SEM IMPORTÂNCIA
IDENTIFICAÇÃO PESSOAL	IDENTIFICA A PROXIMIDADE DO OBJETO EM RELAÇÃO AO INDIVÍDUO	"ISSO ME AFETA PESSOALMENTE" "ISSO NÃO ME AFETA MAIS DO QUE AFETA AS OUTRAS PESSOAS"	POSSO RECEBER O AUMENTO DO SALÁRIO E POR ISSO TER MINHA VIDA AFETADA; POSSO ACHAR IMPORTANTE O AUMENTO DE SALÁRIO DOS FUNCIONÁRIOS PÚBLICOS, MAS ISSO NÃO ME AFETA
POSSIBILIDADE PERCEBIDA DE AÇÃO	IDENTIFICA O SENTIMENTO DE POSSIBILIDADE DE AÇÃO EM RELAÇÃO À CIRCUNSTÂNCIA VIVIDA PELO INDIVÍDUO	"ISSO DEPENDE SÓ DE MIM" "NÃO POSSO FAZER NADA, ESTÁ FORA DO MEU ALCANCE"	SÓ DEPENDE DE MIM PRESERVAR O PLANETA; ESTÁ FORA DO MEU ALCANCE IMPEDIR A DEGRADAÇÃO DO PLANETA

Essas três dimensões da implicação pessoal são fatores poderosos na determinação das práticas e comportamentos dos indivíduos em relação às questões pessoais. Ou seja, eles podem explicar por que tantas leis nunca chegam a ser cumpridas. Eles servem também para elucidar o papel da punição ou de medidas educativas para o cumprimento ou não das leis.

Percebemos que se as pessoas não têm consciência da importância da lei para suas vidas, elas não vão se preocupar em cumpri-la ou em exigir que ela seja cumprida. Assistimos, nos últimos anos, o sucesso e o insucesso de algumas campanhas publicitárias de cunho educativo com o intuito de mudar o comportamento das pessoas. Temos as campanhas contra o uso de drogas, inclusive cigarro e bebidas alcoólicas, campanhas a favor do uso de preservativos para prevenir a contaminação pelo vírus da Aids, campanhas contra o preconceito em várias formas e etc. O sucesso ou não de cada uma delas depende certamente do fato de conseguirem ou não convencer as pessoas a valorizar o objeto.

Percebemos que se as pessoas não se sentirem diretamente afetadas pela lei, elas também não vão se mostrar dispostas a cumpri-las e muito menos em exigir seu cumprimento. Por isso a importância da impunidade em aumentar os comportamentos delituosos. A aparição dos radares eletrônicos de controle de velocidade levou muitas pessoas a mudar o comportamento ao dirigir um veículo.

E finalmente percebemos que quando as pessoas sentem que podem mudar algo a partir do cumprimento da lei, elas são mais propensas a cumprir ou exigir o cumprimento da lei. Se as pessoas realmente sentirem que a mudança da velocidade habitual com que dirigem seus carros pode efetivamente salvar vidas, elas vão ser mais propensas a mudar suas práticas em favor do cumprimento das leis.

Queremos concluir levantando uma questão que nos parece interessante. Quando as leis vêm a reboque dos fatos, ou seja, quando as representações sociais a respeito de um objeto mudam e, consequentemente, mudam-se as leis, as mudanças de práticas ou de comportamentos acontecem mais facilmente. Pois, nesse caso, a mudança ou a criação da lei acontece de forma mais democrática, já havendo certo consenso em torno da questão. Afinal, as pessoas já reconhecem a necessidade de mudar ou de criar as leis em função do comportamento que elas já praticam.

No entanto, quando as leis são impostas por um grupo e se chocam com as representações e práticas correntes da maioria da população, é muito difícil fazer com que elas sejam cumpridas, gerando várias formas e mecanismos socialmente compartilhados de burlar as leis. Pois, nesse caso, as representações e práticas sociais correntes vão prevalecer sobre a legitimidade das leis e as pessoas só vão se sentir compelidas a cumpri-las se forem constrangidas por meio da punição.

A implicação pessoal vai mediar a relação entre as representações sociais vigentes e a mudança circunstancial proposta pela lei em questão. Ou seja, as pessoas vão avaliar se devem ou não cumprir as leis que se chocam com suas representações a partir da valorização da questão, da identificação pessoal e da possibilidade percebida de ação.

Mas podemos levantar outro aspecto dessa questão, pois a mudança de comportamento a partir de uma nova lei também vai ser afetada pela qualidade do componente das representações sociais que são questionados. É o que explicaremos a seguir.

NÚCLEO CENTRAL E PERIFERIA DAS REPRESENTAÇÕES SOCIAIS

Os componentes de uma representação social não são qualitativamente equivalentes. Ou seja, as representações sociais possuem uma estrutura concebida como uma organização de ideias. As representações sociais são formadas por conjuntos de ideias relacionadas entre si, sendo que algumas delas são mais importantes do que as outras.

Em 1993, um psicólogo francês chamado *Abric* propôs que as representações sociais possuam um núcleo central que promova a estabilidade e a coerência das representações em torno do qual são organizados os elementos periféricos. Isso significa que o núcleo central das representações sociais é composto pelas ideias ou elementos que realmente caracterizam as representações e a periferia das representações é composta pelas ideias ou elementos que podem variar entre pessoas ou grupos, ou seja, as ideias que fazem parte da representação mas não as caracterizam.

Vamos analisar o exemplo das representações sociais sobre a justiça para compreender melhor essa questão. Em 2007, nós investigamos as representações sociais da justiça e da injustiça social em alunos de psicologia brasileiros. De maneira geral e resumida, percebemos que as representações sociais da justiça social têm como núcleo central a igualdade em torno da qual se organizam outras ideias como direitos humanos, inclusão social, moradia, oportunidade, paz, responsabilidade e solidariedade. As representações sociais da injustiça social se organizam em torno da desigualdade, tendo como elementos periféricos o preconceito, a corrupção, o desemprego, a fome e o racismo.

Isso significa dizer que a justiça social tem como fundamento irredutível e insubstituível a igualdade, pois o núcleo central é o que caracteriza a representação sendo que se mudarmos o núcleo, mudamos a representação. O núcleo é sempre composto de poucos elementos que asseguram três funções essenciais e determinantes, que são:

A significação da representação — é a igualdade que vai dar a principal significação à representação de justiça social.

A organização interna da representação — todas as outras ideias que compõem as representações sociais da justiça se organizam em torno da igualdade.

A estabilidade — todas as outras ideias vão proteger a ideia da igualdade dos ataques circunstanciais, ou seja, as ideias da periferia podem ser questionadas sem modificar as representações e, por isso, elas servem como um tipo de mecanismo de defesa das ideias do núcleo, que são muito resistentes às mudanças.

Os elementos periféricos comportam as diferenças entre os grupos ou entre as pessoas; eles comportam o discenso, ou seja, as discordâncias de ideias. O núcleo central é mais consensual e comporta as ideias mais consensuais.

Também em 2007, nós investigamos as representações sociais sobre a justiça social em alunos de psicologia franceses. Encontramos os mesmos resultados para o núcleo central que encontramos no estudo feito com os brasileiros. Tanto os franceses como os brasileiros indicaram que a igualdade compõe o núcleo central da representação social de justiça social e que a desigualdade compõe o núcleo central da representação social de injustiça social.

No entanto, conforme prevê a teoria, os resultados indicam que os elementos da periferia diferem, ou seja, os brasileiros indicaram elementos diferentes dos franceses para a periferia das representações de justiça e injustiça social. Enquanto os franceses praticamente não indicaram nenhum elemento para a periferia das representações de justiça e injustiça, os brasileiros indicaram muitos elementos para a periferia das mesmas representações tais como corrupção, desemprego, fome e racismo.

As diferenças nas representações sociais de um mesmo objeto em diferentes grupos sociais são causadas pelo contexto onde esses grupos estão inseridos. Se dois grupos vivem situações e experiências diferentes, ou fazem parte de uma cultura diferente, eles vão, consequentemente, possuir representações sociais que expressam essas diferenças seja em sua periferia ou até mesmo em seu núcleo.

É importante compreender essa diferença qualitativa entre os elementos de uma representação para compreendermos como uma nova lei vai ser recebida dependendo de que tipo de elemento da representação ela questiona. Se uma nova lei ataca ou questiona um elemento periférico de uma representação, ela vai ser mais aceita e facilmente colocada em prática. Pois como explicamos anteriormente, a periferia das representações se adapta às novas situações a fim de proteger o núcleo. Mas se uma lei ataca elementos do núcleo central de uma representação, ela vai ser muito contestada e dificilmente aplicada, sendo que, para ter sucesso em sua aplicação, essa lei vai ter que primeiro modificar a representação social a respeito do objeto social em questão.

Mas, enfim, a questão!

É possível que a criação ou modificação de uma lei provoque uma mudança nas representações sociais vigentes?

Se considerarmos que, como dissemos anteriormente, as representações sociais são mudadas quando as práticas são mudadas, então concluiremos que sim; é possível que a instituição de uma lei possa mudar algumas representações sociais. Isto porque a lei pode normalizar uma prática. E, portanto, se houver um esforço, ou melhor, um controle do Estado a fim de obrigar as pessoas a cumprir a lei e, consequentemente, a mudar suas práticas e comportamentos, as representações podem ser gradualmente modificadas.

Isso, no entanto, não vai ocorrer rapidamente, e muito menos sem nenhuma resistência. Pelo contrário, as representações possuem uma estabilidade difícil de ser rompida e por isso elas não se modificam facilmente. Um psicólogo francês chamado *Guimelli* (1994) descreveu o processo de modificação de uma representação social da seguinte forma:

1. Aparição de uma situação característica que possua um alto grau de implicação pessoal para o grupo. Uma lei nova que seja aplicada, com suas consequentes punições, pode gerar uma situação como essa, em que as pessoas não podem ignorar o que está acontecendo e são obrigadas a se adaptar à nova situação.

2. A aparição dessa situação modifica as circunstâncias externas e essa modificação é percebida como irreversível. As mudanças propostas pela nova lei têm que ser percebidas como uma situação da qual as pessoas se sentem constrangidas a se adaptar, ou seja, não pode parecer algo temporário.

3. As práticas novas aparecem e aumentam de frequência sistematicamente dentro do grupo. Os comportamentos pouco frequentes prescritos pela nova lei vão aos poucos se tornando habituais.

4. Essas novas práticas vão afetar as prescrições de comportamentos das representações sociais. Como explicamos anteriormente, as representações sociais prescrevem comportamentos adequados às situações específicas. Nesse caso, essas prescrições vão mudar.

5. Esse processo culmina na modificação das representações sociais, pois os elementos da nova prática vão se tornar muito importantes criando uma nova teoria e um novo conceito para o objeto social. Nesse caso a lei teria sucesso total em sua aplicação conseguindo mudar até mesmo a forma de as pessoas

pensarem sobre o assunto em questão. Em outras palavras, nós poderíamos dizer que as pessoas se tornariam conscientes da inadequação do comportamento anterior e da adequação do novo comportamento prescrito pela lei.

Os esforços estatais e educacionais de conscientizar as pessoas sobre alguns comportamentos lesivos à sociedade ou aos próprios indivíduos tentam modificar as representações sociais das pessoas sobre aquele assunto para, enfim, alcançar uma mudança de conduta. No entanto, a teoria demonstra que as pessoas precisam mudar primeiro de conduta para depois mudar suas representações. Evidentemente que com esses esforços podemos mudar as opiniões ou as atitudes das pessoas em relação ao tema em questão, pois elas são mais superficiais, mais voláteis e, portanto, mais fáceis de serem modificadas.

Como afirmamos no início deste capítulo, existe uma íntima relação entre a promulgação e aplicação das leis e as representações sociais vigentes nos diferentes grupos sociais, pois grande parte das leis prescreve comportamentos adequados aos cidadãos e as representações sociais também prescrevem comportamentos desejáveis e aceitáveis pelos grupos que a possuem.

Então podemos afirmar primeiramente que a aprovação de uma nova lei assinala uma mudança nas representações sociais de sua época, pelo menos para alguns grupos. Em segundo lugar, temos que considerar que as leis podem se chocar com práticas prescritas pelas representações sociais de alguns grupos. Nesse caso, ou essas leis permanecem no papel sem serem cumpridas por esses grupos ou elas são impostas de tal forma que provoquem uma situação irreversível que acabe por modificar as representações desses grupos.

Em resumo, a relação entre as representações sociais e as leis acontecem em dois sentidos. De um lado, as mudanças nas representações sociais desencadeiam mudanças nas legislações vigentes. Por outro lado, algumas leis pretendem modificar as práticas e, consequentemente, as representações sociais dos cidadãos a respeito de um objeto.

No capítulo seguinte vamos analisar outros conceitos da psicologia social que podem nos auxiliar na compreensão das concepções de justiça das pessoas em seus diversos níveis e aplicações. Pois quando pensamos nas questões relacionadas à justiça, enquanto formas de pensamento organizadas e construídas socialmente, devemos compreender que existem diferentes formas de pensamento social que se expressam em cada indivíduo. Já vimos que as concepções de justiça podem se expressar em diferentes áreas tais como a justiça distributiva, procedural e retributiva. Vimos também uma crença específica que traz conforto psicológico, nomeada de crença num mundo justo, e que pode interferir na maneira como as pessoas compreendem e avaliam os acontecimentos da vida em termos de justiça. E nesse último capítulo compreendemos como as teorias que as pessoas constroem a respeito dos diferentes objetos sociais vão influenciar o comportamento das pessoas em relação à justiça institucionalizada em função das leis.

Essas concepções de justiça podem ser expressas em forma de atitudes, de crenças, de representações sociais ou pode até mesmo se expressar em todos esses níveis simultaneamente, como veremos a seguir.

CAPÍTULO V

ARQUITETURA DO PENSAMENTO SOCIAL, OS FUNDAMENTOS E AS APLICAÇÕES DA JUSTIÇA

Para aprofundar nossa compreensão e nosso conhecimento sobre as formas de cognição social, vamos considerar a arquitetura do pensamento social, proposta por *Rouquette* em 1974. O que ele propõe, em linhas gerais, é discernir as grandes linhas de uma arquitetura organizada do conjunto, que chamamos de pensamento social. Podemos considerar que o pensamento social é composto de várias formas e processos que foram sendo estudados através de conceitos, sendo que alguns são mais estruturados e complexos e outros são mais simples.

Mas para compreendermos isso, temos que entender alguns conceitos importantes da psicologia social, a começar pelos conceitos de atitudes e opiniões.

ATITUDES E OPINIÕES

O conceito de atitude é talvez o conceito mais antigo e discutido da psicologia social. Segundo *Aiken* (2002), o conceito de atitudes foi introduzido na psicologia na década de 1860 quando os filósofos *Hebert Spencer* e *Alexandre Bain* conceituaram atitudes como um estado interno de preparação para a ação.

No manual de psicologia de *Krech*, *Crutchfield*, *Ballachey* (1975), as atitudes sao definidas como "sistemas duradouros de avaliações positivas e negativas" (p. 161). Podemos então compreender que as atitudes vão guiar nossas avaliações sobre os diferentes temas.

Eles ressaltam a existência e a inter-relação de três componentes mutuamente interdependentes desse sistema — o componente afetivo, cognitivo e comportamental — que, por sua vez, poderão variar quanto à valência positiva ou negativa, e também quanto a sua multiplicidade, ou seja, quanto ao número e variedade de elementos ou partes que constituem um componente.

Essa noção de sistema confere ao conceito de atitudes a profundidade necessária para se tratar do tema. Cada componente das atitudes pode ser considerado sobre uma perspectiva bem vasta e ampliada.

Assim, por exemplo, uma pessoa pode ter uma atitude que varia de uma valência extremamente positiva a uma atitude extremamente negativa e isso vai depender tanto da sua afetividade ou sentimentos quanto das informações ou conhecimento que ela tem sobre o assunto.

COMPONENTE AFETIVO	COMPONENTE COGNITIVO	COMPONENTE COMPORTAMENTAL
A FAVOR	CRENÇAS E CONHECIMENTOS REDUZIDOS	COMPORTAMENTO AGRESSIVO
CONTRA	CRENÇAS E CONHECIMENTOS VASTOS	ADORAÇÃO

O componente cognitivo, por exemplo, pode variar de crenças e conhecimentos simples a respeito de um objeto social até um conjunto exaustivo de conhecimento e crenças. Por exemplo, um estudioso do clima pode ter uma atitude a respeito do aquecimento global pautada em um conhecimento muito vasto, enquanto que uma pessoa leiga pode ter a mesma atitude, baseada em poucas informações obtidas em artigos da imprensa e da mídia.

O componente afetivo pode variar de uma simples predisposição afetiva negativa ou positiva em relação a um objeto até a um conjunto extremamente complexo de emoções a seu respeito. Nesse caso, uma pessoa pode ser extremamente favorável ao tema do aquecimento global, defendendo com paixão todas as medidas que pretendem remediar essa situação. Ou pode também ter uma atitude extremamente desfavorável a esse tema, chegando a detestar ouvir as conversações e artigos da imprensa a esse respeito.

E o componente comportamental tem variabilidade praticamente infinita, podendo variar de uma simples predisposição imediata de atacar o objeto até aos excessos, por exemplo, da adoração. A pessoa pode adotar comportamento de preservação do ambiente, mudar sua atitude comportamental enquanto consumidor de alguns produtos que não destroem a camada de ozônio, etc. A pessoa pode também ignorar completamente o assunto e não adotar nenhuma conduta em favor do meio ambiente.

Resumindo, a pessoa assume uma atitude frente a um objeto social quando ela assume uma posição de ser a favor ou contra esse objeto social. Uma pessoa pode ser contra ou a favor da permissão legal para a prática do aborto, e assumindo essa posição, essa pessoa está assumindo uma atitude em relação a esse tema.

Vejamos agora as opiniões. As opiniões são mais simples do que as atitudes, pois elas se referem a objetos bem específicos, e nem sempre possuem o caráter avaliativo característico das atitudes. As opiniões não são muito investigadas pelos psicólogos por serem muito efêmeras e superficiais. Isso significa que elas mudam com muita facilidade, como percebemos nas pesquisas de opinião eleitorais. Um candidato pode começar ganhando e terminar perdendo, e essa mudança ocorre num curto período de tempo, característico de uma campanha eleitoral. Por isso elas interessam mais aos profissionais do marketing.

No entanto, é importante saber que as opiniões se baseiam em atitudes. Quando uma pessoa tem que omitir ou que construir uma opinião a respeito de um assunto, ela vai buscar em suas atitudes os referenciais para fazê-lo. Assim, por exemplo, uma pessoa com uma atitude contrária ao aborto pode formar uma opinião também contrária à pílula do dia seguinte.

AS CRENÇAS

É interessante notar que os psicólogos estudaram as atitudes durante um longo tempo sem se interessarem pelos estudos das crenças. Esses últimos são mais de um século recentes do que os estudos sobre atitudes e também são bem menos numerosos. *Aiken* (2002) afirma que os artigos sobre crenças só aparecem nos periódicos americanos no início do séc. XX, e se concentram principalmente nas crenças religiosas. Ele define crenças como confiança em uma verdade ou na existência de algo que não é imediatamente suscetível à prova rigorosa.

Krüger (1986) define as crenças como "proposições que, na sua formulação mais simples, afirmam ou negam uma relação entre dois objetos concretos ou abstratos, ou entre um objeto e algum possível atributo deste" (p. 31). Para *Rouquette* (2003), no entanto, o conceito de crenças é uma das noções mais opacas e obscuras da psicologia social, pois elas parecem constituir uma forma de limite para o entendimento das condutas. As crenças parecem evidentes para aqueles que as partilham e absurda para aqueles que não a compartilham. Por exemplo, a existência de extraterrestres pode parecer totalmente evidente para algumas pessoas e absurda para outras.

O estudo das crenças pela psicologia social ainda é bem incipiente, mas podemos ao menos defini-la como uma forma de pensamento social que afirma a existência de algo ou de uma relação entre objetos que não pode ser confirmado, ou que não parece evidente para todas as pessoas.

Alguns autores consideram as crenças como as bases formadoras das atitudes. Quando uma pessoa é desafiada a formar uma atitude sobre algum objeto social, ela procura em suas crenças os argumentos para ser a favor ou contra esse objeto. Assim, quando uma lei polêmica é proposta e alardeada pela mídia, as pessoas vão se dividir em grupos favoráveis à aprovação da lei e em grupos contrários à aprovação desta. Isso vai acontecer segundo as crenças características de cada grupo e de cada pessoa inserida nos diferentes grupos.

OS VALORES E AS NORMAS

Vejamos agora os valores. O valor é uma noção polissêmica, cuja definição varia segundo as disciplinas e suas correntes internas. Mas vamos destacar a definição e a teoria de *Rokeach*(1973) por ser bem característica da psicologia. *Rokeach* considera os valores como critérios que as pessoas utilizam para selecionar e justificar as ações e para avaliar os acontecimentos ou indivíduos, inclusive a si mesmo. Isso significa que as pessoas tendem a construir um juízo das situações cotidianas a partir de valores que elas possuem. Elas avaliam se tal situação é boa ou ruim, certa ou errada, justa ou injusta. Elas avaliam também as ações delas mesmas ou dos outros, fazendo julgamentos morais, ou avaliando segundo suas aspirações de vida.

Rockeach pondera que o número de valores de uma pessoa é relativamente restrito, ou seja, cada pessoa possui um repertório pequeno de valores para avaliar as situações da vida. Além disso, cada ser humano, de todo mundo, tem os mesmos valores mas em graus diferentes, de onde podemos concluir que existem poucos valores na humanidade. Esses valores são organizados em um sistema de valores, sendo que as pessoas podem aderir a alguns e não a outros. As pessoas podem também aderir em intensidade diferente a cada um dos valores.

A justiça é um valor que permeia o pensamento da humanidade. As pessoas costumam se preocupar em avaliar as situações e as ações das pessoas em termos de justiça. Mas as pessoas podem aderir de diferentes formas aos valores de justiça e por isso podem avaliar de forma diferente a mesma situação.

Rockeach pondera também que existe uma organização dos valores em um sistema. Um sistema é um equilíbrio homeostático que sincroniza os valores da sociedade e as realidades com as quais ele precisa lidar para existir. Quando há uma falha nessa sincronia, há um desequilíbrio e consequentemente uma mudança. Os valores são duráveis, mas podem evoluir no tempo longo da história, como explicaremos adiante.

As origens e a manutenção dos valores humanos se encontram na sociedade, nas instituições e na personalidade dos indivíduos. Como explicamos anteriormente, as pessoas recebem esses valores como uma herança histórica transmitida pela socialização e educação da criança. Esses valores são conservados e transmitidos para a sociedade e para os indivíduos através de instituições tais como instituições educativas, jurídicas, religiosas, entre outras. Por isso, as consequências dos valores humanos se manifestam praticamente em todos os fenômenos que os pesquisadores das ciências humanas podem pesquisar, entre elas o direito e a psicologia.

Os valores agem tanto nos componentes cognitivos quanto nos componentes afetivos e comportamentais dos indivíduos. Graça aos valores, as pessoas conhecem a maneira mais justa de se comportar e de escolher seu objetivo (componente cognitivo), elas têm emoção positiva ou negativa (componente afetivo) e também definem suas atitudes e comportamentos (componente comportamental).

Os valores servem também para assegurar a coerência do pensamento e ação de cada grupo, formando uma base identitária para os mesmos. Isto significa que as pessoas geralmente participam de grupos em que elas compartilham os mesmos tipos de valores e por isso se sentem identificadas com esses grupos.

Por outro lado, as diferenças de valores entre os grupos servem de parâmetros para diferenciá-los entre si. Ou seja, as pessoas sabem que não compartilham dos valores de determinados grupos e por isso não desejam participar deles.

Podemos resumir dizendo que nas relações pessoais dentro dos grupos os valores servem de fator de consenso e união. Mas nas relações entre grupos diferentes os valores servem de fator de discórdia e polêmica, que podem muitas vezes gerar conflitos.

Por exemplo, existem grupos que priorizam os valores coletivos e outros grupos que priorizam os valores individuais. Enquanto o primeiro grupo valoriza as ações que colaboram para o bem geral dos seus membros, o segundo grupo valoriza ações competitivas que visam o sucesso pessoal.

Isso também vai variar segundo o contexto ou a situação apresentada a esses grupos. O que significa dizer que provavelmente os grupos modifiquem suas prioridades a fim de se adaptarem às situações vividas.

Assim podemos pensar que um grupo de orientação geral coletivista pode incentivar condutas individualistas em situações específicas. E o mesmo pode acontecer com o grupo individualista, ou seja, o incentivo a ações coletivas, por exemplo, numa situação competitiva em que para vencer é preciso agir em grupo.

No entanto, o que varia, na verdade, é a intensidade com que cada grupo valoriza determinados valores, pois geralmente os valores são os mesmos para a maioria dos grupos e das pessoas. Cada grupo vai possuir uma hierarquização de valores que define quais são os valores mais importantes, que devem prevalecer em casos de conflitos entre dois valores.

Suponha por exemplo que o grupo se vê numa situação em que deve decidir se pune ou perdoa um de seus membros que infringiu uma norma do grupo. Esse grupo vai estar entre dois valores: a justiça e a misericórdia. A decisão do grupo vai se pautar na hierarquia do grupo que determina qual desses dois valores é mais importante para o grupo.

Stoetzel (1983) realizou uma pesquisa internacional e concluiu que os valores se organizam entre eles e podem orientar tomadas de posições políticas. Ele percebeu que existe uma oposição entre os valores liberdade e igualdade, no campo político. A esquerda política tende a priorizar a igualdade em detrimento da liberdade e a direita política prioriza a liberdade em detrimento da igualdade.

Em resumo, os valores fornecem referências estáveis de julgamento para uma grande variedade de objetos e situações. Eles são hierarquizados entre eles e permitem estabelecer e justificar escolhas. Os valores são compartilhados pelas pessoas que participam de um mesmo grupo. Eles garantem os procedimentos de manutenção do *status quo*, se mantêm imutáveis por longos períodos e garantem a continuidade de instituições políticas. A justiça é um perfeito exemplo de um valor social que, como vimos, tem características relativas a um grupo social, serve à manutenção da ordem social e mantém a legitimidade de instituições políticas.

A HIERARQUIA NA JUSTIÇA SOCIAL

Como vimos anteriormente, as pessoas hierarquizam os valores por ordem de importância. Em 1999 foi realizada uma enquete na Europa sobre os valores da sociedade. Segundo *Forsé* (2006), um sociólogo francês, essa enquete demonstrou claramente as prioridades para os europeus:

1	GARANTIA DE BENS DE BASE PARA TODOS
2	RECONHECIMENTO DOS MÉRITOS DE CADA UM
3	DIMINUIÇÃO DAS DESIGUALDADES SOCIAIS

Em primeiro lugar, os europeus priorizam a garantia de bens de base para todos. Isto significa que os governos teriam que primeiramente garantir os bens básicos para uma vida digna a todos os cidadãos, tais como moradia, trabalho, escola, alimentação, entre outros. Essa primeira preocupação está relacionada ao princípio da igualdade estabelecendo condições de vida iguais ou pelo menos mínimas a todos os seres humanos. Mas também estaria relacionado ao princípio da necessidade, pois seria interpretar a máxima "todos são iguais perante a lei" no sentido de promover a eliminação das situações de pobreza extrema que vitimizam as pessoas. Como vimos no segundo capítulo, a aplicação do princípio da necessidade na distribuição de bens é muito utilizada pelo Estado a fim de suprir as necessidades dos grupos que vivem com uma parcela muito pequena da riqueza de um país. Enfim, seriam políticas como o objetivo de eliminar, ou pelo menos reduzir ao máximo, problemas como a fome, o trabalho escravo, o analfabetismo, a ausência de moradia, entre muitos outros.

A segunda prioridade é o reconhecimento dos méritos de cada um. O merecimento impõe o princípio da equidade, segundo o qual cada um recebe segundo sua maior ou menor contribuição. Como vimos no segundo capítulo, essa é a lógica que rege o mercado de trabalho e os negócios. Uma vez estabelecida as condições mínimas de qualidade de vida a cada cidadão, estabelece-se também condições de crescimento pessoal e de classe. Aqui estariam todas as necessidades de reconhecimento dos méritos e das qualidades pessoais. No entanto, a aplicação extrema desse valor leva a uma crescente desigualdade entre as pessoas, podendo causar verdadeiros abismos entre a qualidade de vida de uma parcela da sociedade, que detém a maior parte das riquezas e outra parcela da sociedade, que detém a menor parte das riquezas. Por isso temos hoje no mundo pessoas que vivem num mundo totalmente informatizado, consumista, que desperdiça recursos enquanto outras pessoas vivem num mundo de extrema miséria onde nem mesmo o alimento é garantido.

Em terceiro lugar, a prioridade é justamente a diminuição das desigualdades sociais. Passaríamos finalmente a preocupação de diminuir as diferenças entre os ricos e pobres. Lembrando que as situações de pobreza extrema teoricamente já foram eliminadas na primeira prioridade, essa terceira prioridade seria apenas corrigir os exageros entre as diferenças da distribuição da riqueza.

Esse é o pensamento do povo europeu sobre a distribuição de riqueza, que demonstra também uma realidade que eles têm conquistado, através de diferentes ações políticas e sociais.

Não temos uma enquete brasileira ou sul-americana sobre os nossos valores. Mas *Tajfel* (1984) nos traz uma importante proposição, que poderia ser aplicada a nossa realidade. Segundo *Tajfel*, quando existe uma grande diferença de poder entre duas partes, quanto maior essa diferença, menos plausível precisa ser a explicação, chegando ao ponto mesmo de ser desnecessária. Logo no caso dos países onde a desigualdade é muito grande, as pessoas passam a aceitá-la passivamente, sem nem mesmo exigir explicações. Esse dado vem ao encontro do estudo que *Asmmar* descreveu anteriormente descreveu relatando que os brasileiros tendem a se resignar diante das injustiças.

VALORES E NORMAS

No modelo de outro estudioso chamado *Schwartz* (1992), os valores são dotados de um conteúdo e de uma estrutura universal. Ele assume que os valores humanos são fundamentais, e que percebemos os mesmos valores em todas as culturas porque eles correspondem às exigências universais características das necessidades biológicas, das necessidades de coordenação interindividual e da necessidade de uma continuidade da sociedade. Ele encaixa a justiça social entre os valores que visam a compreensão, a tolerância e a proteção do bem-estar de todo mundo e da natureza e que, portanto, serve para a coordenação dos conflitos entre as pessoas e, consequentemente, serve à continuidade da sociedade. Para isso, esses valores se desdobram em normas.

As normas andam de mãos dadas com os valores, pois elas são as regras comuns de aplicação, de promoção e de preservação dos valores reconhecidos dentro dos registros da ação. Quando falamos de normas estamos falando da prescrição de comportamentos que explicamos no capítulo anterior. Ou seja, elas atravessam ou se encaixam na maioria das RS, que como já explicamos, prescrevem comportamentos aceitos pela sociedade e comportamentos inaceitáveis pela sociedade e pelos grupos. Por exemplo, possuímos a norma social que prescreve como inaceitável o comportamento de matar outros seres humanos. Grande parte das normas sociais é formalizada em leis institucionalizadas, mas existem também muitas normas que não são evidentes. Existem normas que nunca são pronunciadas por serem muito sutis, mas que podemos perceber sua força quando as descumprimos. Geralmente são normas de pequenos grupos ou mesmo normas familiares. Podemos citar como exemplo as normas que regem comportamentos preconceituosos. Grande parte das pessoas dizem não aceitar comportamentos preconceituosos, mas quando se deparam com determinadas situações, adotam condutas racistas ou sexistas.

Um estudo brasileiro feito por *Pereira*, *Torres* e *Almeida* (2003) demonstrou que as atitudes não preconceituosas podem sofrer o efeito de um discurso justificador e assim se transformar numa atitude preconceituosa. Eles apresentaram uma história para os participantes em que uma gerente de loja precisava contratar uma vendedora. Entre as candidatas ao emprego, havia uma candidata negra. Para um grupo de participantes, eles apresentaram essa situação dizendo que a gerente não contratou a moça negra. A maioria dos participantes discordaram da gerente e consideraram o comportamento dela racista e injusto. Mas para outro grupo de participantes eles apresentaram a mesma história dizendo que a gerente não contratou a moça porque os clientes da loja são preconceituosos e não aceitariam a vendedora negra. Nesse caso, a maioria dos participantes concordaram com o comportamento da gerente e assumiram uma atitude racista a partir de uma simples justificativa. Os participantes deste estudo demonstraram que um ato discriminatório, como não contratar uma vendedora negra, pode ser aceito à medida que os participantes recebem uma justificativa, o que demonstra a força sutil das normas preconceituosas.

Os valores e as normas têm um papel particularmente estruturante nas representações sociais. Eles ficam no núcleo central, dentre os elementos não negociáveis de uma representação. Por isso as propriedades do núcleo central são as mesmas que a dos valores. Segundo *Abric* (2003), o núcleo central das representações sociais é ligado à memória coletiva e a história do grupo; é consensual e define a homogeneidade do grupo, é estável, coerente, rígido e resistente a mudanças, além de ser pouco sensível ao contexto imediato. Os valores também possuem todas essas características, portanto, podemos concluir que os valores intervêm nas representações sociais gerando e organizando tomadas de posição sobre os objetos sociais diversos. Ou seja, os valores influenciam as representações sociais que vão gerar atitudes.

AS TEMATAS

Para finalizar, vamos explicar as tematas, o mais amplo e também o mais recente dentre os conceitos que participam da arquitetura do pensamento social proposta por *Rouquette*. O conceito de tematas foi proposto em 1994 por *Moscovicci*, o mesmo autor das teorias das representações sociais, juntamente com seu colaborador *Vigneaux*. As tematas são as formas mais amplas e universais de pensamento social. Elas são uma sorte de formato preestabelecido de pré-concepções, que são muito antigas. Elas dão ao conhecimento prático um formato e uma organização. As tematas se definem como oposições quase sempre bipolares que permitem enquadrar as experiências do mundo. Por exemplo, temos a tendência de classificar quase todos os objetos em oposições tais como masculino ou feminino, feio ou bonito, igual ou desigual, melhor ou pior e assim por diante.

Usamos essas classificações duais para organizar nosso conhecimento. Diante de quase tudo as utilizamos. A justiça e a injustiça são um exemplo de temata, e, por isso, vamos dedicar o próximo capítulo para explicar as tematas justiça-injustiça, igualdade e desigualdade. Mas é importante compreender que as tematas geram e organizam o pensamento social. Por exemplo, a classificação das situações em justo ou injusto geram várias representações sociais, atitudes, opiniões, normas e valores.

As crenças, os valores, as normas e as tematas são considerados conceitos de nível ideológico. Isso significa dizer que eles pertencem a um conhecimento bem amplo que serve, sobretudo, para manter a ordem e as hierarquias econômicas e sociais. Do ponto de vista da psicologia social, a ideologia pode ser compreendida como um repertório geral utilizado em todas as construções cognitivas. O nível ideológico só muda a partir de mudanças históricas de longa duração e por isso é trabalho para os historiadores descortinar suas inflexões e mutações. Este nível é fundamental para qualquer sorte de pesquisa sobre o pensamento social.

Um bom exemplo de mudança no nível ideológico é a Revolução Francesa, que mudou a ordem social provocando a queda da ordem monárquica. Essa revolução mudou as concepções de justiça social e os valores e as normas da época. O que era considerado justo, moral e até normal, ou seja, a dominância por parte do clero e da monarquia, passou a ser considerado como injusto, imoral e anormal. E a igualdade passou a ser a mola mestra das concepções de justiça. E a partir daí, mudou-se também os valores e as normas de comportamento. Mas como vimos anteriormente, essa mudança foi resultado de um processo histórico de longa duração.

Deconchy (1999) destaca que as ideologias formam um sistema de representação do mundo que não é verificável. Cada pessoa adere a esse sistema como se ele fosse verdadeiro. Mais do que isso, a ideologia tem a caracterísitica de ser uma espécie de ontologia imprescindível no sentido de que todo ser humano pode saber, deve saber e deveria saber. Vejamos o exemplo da justiça: todo ser humano deve saber classificar as situações e os comportamentos como justos e injustos. É impossível imaginar uma sociedade onde as pessoas não tivessem nenhuma noção de justiça.

ARQUITETURA DO PENSAMENTO SOCIAL

Enfim, podemos agora conhecer a organização da arquitetura do pensamento social, ou seja, como podemos organizar todos esses conceitos diferentes, numa mesma lógica.

Isso pode ser feito segundo dois princípios que *Rouquette* descreveu em 1973. O primeiro princípio é organizar os conceitos começando pelos mais instáveis até chegar aos mais estáveis. E o segundo princípio é organizar do mais específico ou particular ao mais geral ou global.

Os conceitos mais instáveis são aqueles que sofrem mudanças em seus conteúdos com mais frequência. O conceito mais instável é a opinião. Como dissemos anteriormente, as opiniões são muito volúveis, basta um simples argumento ou uma nova informação sobre o objeto para as pessoas mudarem de opinião sobre algo. Os conceitos do nível ideológico são os mais estáveis, isto significa que eles não mudam frequentemente. Pelo contrário, o conteúdo desses conceitos só mudam num tempo longo, característico dos processos históricos.

Os conceitos mais específicos são aqueles que possuem uma grande variedade de conteúdos segundo as diferenças individuais ou grupais. Novamente, o mais específico dos conceitos são as opiniões, pois podemos encontrar várias opiniões diferentes sobre um mesmo objeto. Podemos dizer que as opiniões possuem um alto grau de variabilidade interindividual. O conceito mais global são as tematas, pois elas não variam quase nada de pessoa para pessoa, nem de grupo para grupo. Pelo contrário, percebemos que quase todas as culturas possuem as mesmas tematas.

Agora vamos organizar os conceitos a partir desses dois princípios. As opiniões estariam entre os conceitos mais instáveis e específicos, ou seja, estaria na base do nosso esquema. As opiniões são muito variadas, cada pessoa tem uma opinião diferente sobre um assunto e, em geral, as pessoas mudam de opinião com muita facilidade e com muita frequência. Quando falamos de instabilidade estamos nos referindo a essa facilidade de mudar e também a frequência com que isso acontece. Quanto mais instável, mais mudanças, quanto mais estável, menos mudanças. Mas quando falamos nível de integração, estamos nos referindo à profundidade e à universalidade do conceito. Alguns conceitos como as tematas são muito gerais e, por isso, muito profundos, sendo comuns a quase todas as culturas, pois são conceitos antigos, construídos ao longo da história e que não mudam facilmente. Por isso os conceitos com maior nível de integração, ou, podemos dizer, os conceitos mais gerais, influenciam os conceitos mais específicos. Por exemplo, as atitudes e opiniões das pessoas são influenciadas pelos valores morais que ela tem. Quando uma pessoa vê algo polêmico como uma notícia no jornal, por exemplo, ela logo vai formar uma opinião sobre aquela notícia, e isso vai acontecer segundo os valores morais, as crenças e as representações sociais que essa pessoa tem.

As opiniões são, então, alimentadas pelas atitudes que, por sua vez, são alimentadas pelas representações sociais, demonstrando os níveis de integração. Estas últimas já comporiam um conjunto organizado de conteúdos que se ancoram em valores, normas, crenças e tematas, sendo que, então, já estaríamos tratando de um nível particularmente estável e geral, que integra as diferentes manifestações do pensamento social, que seria o nível ideológico.

Nossas atitudes têm uma natureza bem volúvel e diferem bastante de uma pessoa para outra. Podemos mudar de atitude em relação a um assunto a partir de informações que recebemos, ou da opinião de um amigo, etc. No entanto, é mais difícil mudar nossos valores, normas e crenças. Isto porque esse nível da arquitetura do pensamento social é mais estável e também menos variável de pessoa para pessoa. Por exemplo, uma pessoa pode ter os mesmos valores do que eu, mas podemos ter atitudes totalmente diferentes em relação a um mesmo assunto.

Em resumo: se considerarmos a dupla "atitudes e opiniões", vamos perceber que as opiniões são mais instáveis e se referem a objetos particulares em situações específicas. As atitudes são mais gerais, se referem a classes temáticas que englobam muitos objetos. Podemos dizer que as atitudes fornecem as razões para um indivíduo ter uma determinada opinião ou um conjunto de opiniões. Se temos uma atitude favorável em relação aos homossexuais, logo vamos ter uma opinião a favor do casamento homossexual.

Se considerarmos a dupla "atitudes e representações sociais", vamos perceber que as atitudes são mais instáveis e possuem menor nível de integração, pois são as representações sociais que fornecem os motivos para a formação de uma atitude. Nossas atitudes em relação à homossexualidade vão depender de nossas representações sociais sobre a sexualidade.

Se considerarmos a dupla "representações sociais e ideologia", vamos perceber que as ideologias são mais estáveis e possuem maior nível de integração, influenciando a construção das representações sociais. Logo, nossas representações sobre a sexualidade vão depender de nossas crenças, valores e normas sociais.

<table>
<tr><td rowspan="4">–
VARIABILIDADE INTRA E INTERINDIVIDUAL
+</td><td>NÍVEL IDEOLÓGICO
(CRENÇAS, VALORES, NORMAS, TEMATAS)</td><td rowspan="4">+
NIVEL DE INTEGRAÇÃO
–</td></tr>
<tr><td>REPRESENTAÇÕES SOCIAIS</td></tr>
<tr><td>ATITUDES</td></tr>
<tr><td>OPINIÕES</td></tr>
</table>

Nós propomos também dois novos princípios de organização da arquitetura do pensamento social. Esses princípios complementam os demais, pois eles se referem aos níveis de relação entre os temas e os conceitos. Pensamos que também podemos organizar a arquitetura a partir do nível de relação entre os conceitos que estamos estudando. Assim, se pensarmos em relações entre diferentes temas de um mesmo conceito ou de conceitos com níveis semelhantes de integração e de variabilidade intra e interindividual, podemos dizer que temos uma relação horizontal. Por exemplo, se eu quiser estudar a relação da justiça e da injustiça e considerar que os dois estão no nível ideológico, então estou estudando uma relação horizontal. Ou se eu vou comparar dois valores como a honestidade e a fidelidade, ou duas atitudes, positiva e negativa, em relação a um tema polêmico.

Mas se pensarmos em relações entre temas de conceitos, com diferentes níveis de integração e de variabilidade intra e interindividual, temos uma relação vertical. Assim, se eu quiser investigar a influência do valor honestidade sobre as atitudes das pessoas em relação aos pequenos furtos, então vou investigar uma relação vertical. Ou se vou relacionar a crença religiosa à atitude preconceituosa, ou as representações de justiça que influenciam as decisões dos júris, etc.

Nível vertical
Maior estabilidade
Maior nível de integração

Nível horizontal
Mesmo nível de
estabilidade e integração

Menor estabilidade
Menor nível de integração

Figura extraída do livro *Anatome des idées ordinaires*. Flament e Raquette, 2002.

Nesse sentido, se desejarmos conhecer bem as concepções de justiça podemos analisá-la dentro dos diversos conceitos da arquitetura do pensamento social. Podemos começar dizendo que as representações sociais da justiça acontecem a partir de tematas que operam metodologicamente, gerando leis de distribuição do que é justo e do que é injusto, bem como legitimando-as através do discurso, criando pontos focais, que podem ser compreendidos como representações sociais. Essas representações sociais já são ligadas a contextos específicos e geram atitudes e opiniões.

Para facilitar, vamos explicar com a ajuda de um exemplo, começando por uma situação bem específica como a família recomposta. Este novo tipo de família surgiu a partir do aumento da quantidade de divórcios e de pais solteiros. Nesse tipo de família convivem filhos de progenitores diferentes. Esse fenômeno gerou uma mudança de práticas que provocou a formação de atitudes e opiniões a respeito dos direitos das crianças e dos direitos dos pais. Esse processo culminou em mudanças no direito de família. Uma das possíveis mudanças geradas por essa nova constituição familiar foi a ideia de igualdade de direitos na guarda dos filhos entre os dois progenitores, que prescreve que tanto o pai quanto a mãe podem ter a guarda dos filhos sem estabelecer nenhuma preferência pela mãe, como acontecia anteriormente por costume.

Essa mudança de práticas culmina na questão da guarda compartilhada dos filhos. E em torno dessa situação existem opiniões e atitudes que fazem referência a justiça. Muitos têm atitudes favoráveis à guarda compartilhada, considerando que é justo que os pais também possam reivindicar a guarda dos filhos em pé de igualdade com as mães. E muitos consideram injusto com as mulheres que vão ter mais dificuldades para lidar com a guarda dos filhos. Mas essas atitudes são embasadas em representações sociais, principalmente nas representações sociais da paternidade e da maternidade. Podemos dizer também que essas opiniões e atitudes devem se embasar nas representações sociais do papel do homem e da mulher na sociedade. Por exemplo, as pessoas que possuem representações machistas, segundo as quais a mulher é feita para a maternidade e o homem é responsável pelo sustento financeiro do lar, provavelmente vão ter atitudes contrárias a essa nova lei.

Mas não podemos esquecer que essas representações sociais estarão arraigadas em crenças, valores e normas, tais como a crença no instinto maternal, que define que as mulheres são como as outras fêmeas. Isto significa definir a mulher como um animal que possui o instinto de ser mãe. Essas representações podem também estar arraigadas em valores morais e normas de conduta que complementam essa crença do instinto maternal. Neste caso, vamos chegar às normas que prescrevem os comportamentos apropriados à mulher na sociedade, ou seja, que vão definir que o papel da mulher é procriar e cuidar da prole, se restringindo ao ambiente do lar.

Assim, podemos compreender como uma situação pode envolver desde os conceitos e conteúdos mais restritos e voláteis do pensamento social até os conceitos mais amplos e estáveis. Para compreendermos as concepções sociais da justiça, temos que ter em mente a complexidade organizada do pensamento social.

OS FUNDAMENTOS E APLICAÇÕES DA JUSTIÇA

Segundo um sociólogo francês chamado *Forsé* (2006), devemos diferenciar os fundamentos de justiça de suas aplicações. Devemos considerar os fundamentos como orientações formais ou procedurais que independem do contexto e das circunstâncias. Podemos relacionar os fundamentos com os valores e normas, sendo os valores as orientações formais sobre a conduta humana, entre eles poderíamos citar a equidade, a honestidade, a dignidade, a liberdade e muitos outros. As normas, por sua vez, podem ser consideradas como as orientações procedurais, pois elas vão prescrever comportamentos adequados e condenar comportamentos inadequados, como explicamos há pouco. No entanto, tanto os valores quanto as normas são orientações gerais que podemos aplicar em situações específicas. Ou seja, as aplicações da justiça realizam o trabalho de dar conteúdo a esses fundamentos, a partir de cada acontecimento e segundo circunstâncias e contextos específicos. Esse trabalho é realizado sem nenhuma perda de coerência, podendo compatibilizar critérios de justiça diferentes, dentro de uma mesma situação, que, no entanto, repousam sobre um fundamento de justiça em comum.

Vamos repetir um exemplo bem simples que citamos no primeiro capítulo: o exemplo da criança que vai dividir um chocolate com o irmãozinho. Na mesma situação, a criança pode utilizar o princípio da igualdade ou da equidade. Portanto, ela pode dividir de forma diferente o chocolate, tendo nos dois casos fundamentos de justiça que justifiquem sua divisão. Ela pode pegar a maior parte e justificar dizendo que ela ganhou o chocolate e por isso ela merece uma parte maior. Neste caso ela estaria utilizando o princípio da equidade como fundamento. Mas ela pode também usar a igualdade como fundamento e dividir o chocolate em partes iguais.

Essa ideia de fundamentos e aplicações de justiça pode ser aplicada a arquitetura do pensamento social, pois ambas consideram a existência de uma organização do mais específico ao mais geral ou vice-versa. Por isso propomos a articulação dessas duas ideias a fim de apreendermos melhor as concepções de justiça.

Começaremos considerando os conceitos do nível ideológico como os fundamentos que regem a aplicação das concepções de justiça nas diferentes situações. De onde diferentes teorias ingênuas, ou representações sociais, poderiam ser construídas e descartadas, segundo as mudanças sociais ou a partir do descobrimento de soluções mais justas. Relembrando que essas diferentes teorias são aplicações dos mesmos fundamentos.

É por isso que as opiniões sobre a injustiça são mais firmes que as opiniões sobre a justiça, pois as primeiras traduzem a refutação de uma teoria pela adoção de outra teoria, que repousa em razões mais sólidas, enquanto que a segunda se situa com mais ou menos sucesso numa posição de equilíbrio refletido. Isto é o mesmo que dizer que uma situação é considerada justa até que alguém levante a possibilidade de ela ser injusta.

<table>
<tr><td>NIVEL IDEOLÓGICO (CRENÇAS, VALORES, NORMAS E TEMATAS)</td><td rowspan="2">FUNDAMENTOS DA JUSTIÇA</td></tr>
<tr><td>REPRESENTAÇÕES SOCIAIS</td></tr>
<tr><td>ATITUDES</td><td rowspan="2">APLICAÇÕES DE JUSTIÇA</td></tr>
<tr><td>OPINIÕES</td></tr>
</table>

Modelo de arquitetura do pensamento social e os fundamentos e aplicações da justiça

Historicamente assistimos esse processo acontecer muitas vezes. Muitas violações dos direitos humanos permaneceram sendo consideradas como justas durantes longos períodos históricos até que algo acontecesse para demonstrar seu caráter injusto. Enquanto essas situações eram percebidas como justas, elas estavam justificadas por fundamentos de justiça. No entanto, esses mesmos fundamentos, posteriormente, foram utilizados para argumentar que essas mesmas situações eram injustas. Podemos citar como exemplo a escravidão no período colonial, o voto feminino, grande parte dos direitos da criança e do adolescente, o homicídio por motivo de adultério, a situação legal de filhos ilegítimos entre outros.

Mas vamos analisar mais detalhadamente o exemplo da filiação ilegítima. O Brasil teve em sua história uma longa tradição patriarcal que levou as leis a proteger a estabilidade da família legítima. Por isso os filhos que nasciam fora do casamento eram considerados ilegítimos e não podiam ser reconhecidos legalmente, como no caso dos filhos provenientes de um adultério ou de um incesto.

Mas por causa do crescente aumento do número de desquites, em 1942, a lei passou a aceitar o reconhecimento dos filhos nascidos após o desquite. A partir daí, podemos ver que uma sucessão de situações e fatos foram desencadeados: o direito do filho adulterino acionar o pai na justiça para pensão alimentícia, a proibição da referência de filiação ilegítima no registro civil, a lei do divórcio, culminando no Estatuto da Criança e do Adolescente, que tinha como fundamento a proteção da criança e não mais a proteção da família patriarcal.

Percebemos um processo histórico de mudança de aplicação da justiça onde o alvo da proteção do Estado foi gradualmente sendo deslocado do homem, numa estrutura patriarcal e machista, para a criança, numa sociedade onde a mulher conquistou um espaço no mercado de trabalho.

O fundamento permanece o mesmo, ou seja, a proteção do Estado à família, mas a compreensão do que é uma família foi mudada, pois a realidade atual da família recomposta se impôs e as leis foram gradualmente se adaptando aos novos costumes. Atualmente podemos dizer que o caracteriza a família não é mais o casamento e sim os filhos.

No nível ideológico, ainda possuímos um ranço do patriarcalismo e do sexismo, mas as representações sociais, as atitudes e as opiniões das pessoas modificaram muito nos últimos tempos, e hoje a realidade dos filhos nascidos fora do casamento é bem diferente. O nome do pai é considerado um direito da criança, que pode ser pleiteado a qualquer momento.

No entanto, existem grupos da sociedade brasileira que ainda registram seus filhos sem o nome do pai. Em 1997, fizemos uma pesquisa documental nos registros de nascimento de duas cidades do interior de Goiás e verificamos que uma média de 7,3% de crianças foram registradas sem o nome paterno ou com reconhecimento tardio do nome paterno. Esse dado coincidiu com os dados de uma socióloga (*Thurler*, 2003) que avalia que cerca de 10% das crianças brasileiras são registradas sem o nome paterno.

Esse resultado indica que essa prática social ainda é operante apesar de todo esforço jurídico em regulamentar o seu fim. Através dos dados que constavam nos registros pudemos calcular a média de idade das mães que registraram seus filhos sem o nome paterno. A média de idade é de 22,7, caracterizando um grupo de mulheres jovens. Vinte e quatro por cento dessas mães têm entre 12 e 18 anos de idade e, portanto, são consideradas adolescentes, segundo o Estatuto da Criança e do Adolescente. Oitenta por cento dessas mães adolescentes não trabalham, mas apenas 23% são estudantes. Vinte e cinco por cento trabalham em serviços como empregada doméstica (5%), costureira (4%), manicure (3%), secretária (3%) e vendedora (1%).

Outro dado interessante sobre o perfil das mães pode ser obtido através do dado de que 12% das crianças possuem somente o nome da avó materna no registro de nascimento, o que significa que essas crianças são filhas de mães que não possuem o nome paterno no registro. Isso significa que um número significativo de crianças constitui a segunda geração de pessoas registradas sem o nome do pai. Esse dado considerado juntamente com a profissão da mãe nos leva a constatar a possível participação dessas mulheres nas camadas mais desfavorecidas da categorização social, pois 76% dessas mães de segunda geração (sem o nome paterno) não trabalham fora e 10% estão no serviço de limpeza e cozinha.

Através dessa pesquisa, podemos perceber que essa prática de registrar crianças sem o nome paterno continua acontecendo numa minoria da população. Essa minoria pode ser caracterizada como jovens e adolescentes fora do mercado de trabalho ou em profissões desvalorizadas. Muitos artigos de leis são descumpridos nessas situações, em que uma adolescente dá à luz uma criança e ainda a registra sem o nome paterno. Isso fica mais evidente quando encontramos uma segunda geração de crianças sem o nome paterno.

Percebemos que as leis elaboradas por alguns grupos de pessoas não foram eficientes para modificar as práticas dos grupos em questão. Pois essa prática não pode ser compreendida como responsabilidade culposa das mães, mas como mecanismos societais de exclusão. Pois, como afirma *Thurler* (2003), trata-se de mães que assumem sozinhas todas as responsabilidades da paternidade de seus filhos por causa do sexismo da sociedade e das injustiças sociais.

Estamos diante de uma situação em que as práticas, as representações sociais, as atitudes e as opiniões sobre um tema foram modificados para um grupo social que tem o poder de escrever as leis. As concepções de justiça foram modificadas para esses grupos e por isso eles modificaram as leis. Mas existem outros grupos nos quais essa prática não foi modificada e por isso as representações sociais, as atitudes e as opiniões permanecem como antes.

Em resumo, o pensamento social possui uma estrutura altamente complexa e organizada, em que se articulam formas de pensamento mais voláteis e mais específicas e também formas de pensamento bem gerais e globais. As concepções de justiça organizam seus conteúdos e suas mudanças dentro dessa estrutura de pensamento social, apresentando a cadeia completa que vai desde atitudes até ideologias.

No próximo capítulo vamos tratar do conceito mais amplo da arquitetura do pensamento social, as tematas. Esse conceito é especialmente importante para a compreensão das concepções de justiça, pois não podemos compreender a justiça sem considerar a injustiça e as relações entre elas.

CAPÍTULO VI

AS TEMATAS JUSTIÇA E INJUSTIÇA, IGUALDADE E DESIGUALDADE

Segundo *Markova* (2007), as atividades mentais dos seres humanos são naturalmente regidas por antônimos. Isso significa que estamos sempre pensando em termos de oposições. Quando vemos um objeto desconhecido, analisamos se ele é grande ou pequeno, se sua superfície é lisa ou áspera, se ele tem uma coloração clara ou escura, se ele nos é útil ou inútil. Se conhecermos uma pessoa, analisamos se ela é alta ou baixa, magra ou gorda, bonita ou feia, simpática ou antipática, interessante ou não. Se vivermos uma situação diferente, pensamos se ela é boa ou má, confortável ou desconfortável, justa ou injusta, se devemos ter medo do futuro ou ter esperança, se devemos esperar ou agir. Quando a criança começa a ficar mais independente, ela aprende o que é bom e o que é mal, o que ela deve e o que não deve fazer, o que é comestível e o que não é comestível, o que é perigoso e o que não é perigoso.

Mas existem oposições que adquirem um significado social mais forte do que as outras oposições, porque elas se tornam alvo da atenção do público. Elas passam a ser mais discutidas pelas pessoas, pela mídia, e por isso elas deixam de ser apenas conteúdos latentes transmitidos de geração em geração e passam a possuir um novo significado imbuído de polêmica. Isso acontece quando surge um conflito no curso dos acontecimentos históricos e sociais. A partir de então, essas oposições temáticas entram no discurso público.

Por exemplo, a oposição masculino-feminino é aprendida desde cedo pelas crianças e não é alvo de nenhum tipo de conflito ou de discordância entre as pessoas. Essa oposição não mudou praticamente nada durante o transcorrer da história. Mas as oposições homem-mulher, homossexual-heterossexual, feminilidade-masculinidade são alvos de conflitos e de controvérsias. São oposições que têm sofrido mudanças no curso da história.

As oposições temáticas podem ser muito antigas em sua estrutura, existindo em quase todas as sociedades, independentemente de suas diferenças culturais. No entanto, seu significado, ou seus conteúdos, variam de um grupo a outro e também sofrem mudanças através do tempo. Nós podemos comparar o que significa ser mulher atualmente com o que significava ser mulher há 30 anos atrás, e vamos encontrar muitas diferenças. Vamos encontrar diferenças também no papel da mulher de uma cultura para outra.

Em resumo, as oposições temáticas se transformam em tematas quando elas são alvo de polêmica e por isso adquirem um significado especial num determinado momento histórico. A oposição masculino-feminino apenas constata um fato biológico dado e por isso não gera controvérsias, mas a temata homossexual-heterossexual levanta uma série de questões polêmicas no seio das discussões coletivas sobre valores, práticas, justiça, moral etc.

A oposição justiça-injustiça é uma dessas noções que nos parece onisciente, ou seja, é difícil imaginar uma sociedade desprovida da noção de justiça e injustiça. Mas seu significado atual aparece arraigado nas ideias igualitaristas provenientes do século XVIII. Vamos revisar rapidamente um pouco de história, para compreendermos melhor essas noções.

Durante a Idade Média, era o nascimento que definia o papel social e a riqueza das pessoas. Quem nascia numa família nobre seria sempre um nobre. Eram muito raras as ocasiões em que uma pessoa passava de uma situação a outra. Mas na Idade Moderna, após o renascimento cultural e a reforma protestante, uma nova visão de mundo foi se formando, onde não cabia mais essa estrutura hierárquica da sociedade. Então, com o advento da Revolução Francesa, floresceu a ideia da democracia moderna e de uma sociedade fundamentada na participação política de toda sociedade. A revolução francesa teve como lema a liberdade, igualdade e fraternidade, e trouxe uma nova concepção de justiça social.

A ideia de uma nobreza que tinha privilégios e governava por direitos hereditários passou a ser considerada inadequada e mesmo injusta. A igualdade passou a dominar os discursos sobre a divisão de riqueza e de poder das sociedades. A partir daí houve uma junção ideológica das oposições justiça-injustiça e igualdade-desigualdade. A distribuição da riqueza e da posição social das pessoas não podia mais ser estabelecida pelo critério de castas, as pessoas tinham que ser consideradas iguais e, portanto, ter oportunidades iguais de acesso aos bens por merecimento e não mais por nascimento.

A JUSTIÇA E A IGUALDADE

Nós começamos a compreender a profundidade da ligação entre as ideias de justiça e de igualdade a partir de duas ideias. A primeira ideia partiu da percepção de que era possível organizar quase toda a literatura sobre a justiça distributiva a partir de duas oposições temáticas que se cruzam. Ou seja, se voltarmos ao segundo capítulo e revisarmos os princípios da justiça distributiva, percebemos que podemos organizá-los num quadro onde se cruzam, de um lado, a justiça e a injustiça, e, de outro lado, a igualdade e desigualdade.

Vamos começar revisando os três principais critérios de justiça descritos na literatura sobre a justiça distributiva, que são:

- Necessidade — critério segundo o qual a maior ou menor necessidade de um indivíduo ou de um grupo justifica uma distribuição de bens desigual.
- Equidade — critério segundo o qual a distribuição desigual de bens está relacionada ao mérito individual ou grupal.
- Igualdade — critério que alia a justiça à igualdade na distribuição de bens.

Percebemos que a equidade e a necessidade têm como fim último as desigualdades justas. Isto quer dizer que podemos distribuir bens de forma desigual sem sair daquilo que consideramos justo. Já demonstramos vários exemplos disso nos primeiros capítulos, mas vamos nos lembrar de um deles. Podemos privilegiar os desprivilegiados promovendo a justiça através de um tratamento desigual instituindo leis de proteção às minorias, como as ações afirmativas.

Portanto, podemos constatar que esses critérios de justiça distributiva, a equidade e a necessidade, demonstram a interseção do justo com o desigual.

Poderíamos também pensar na interseção do justo com o igual, que caracterizaria a igualdade como critério de justiça. Essa ideia talvez seja a mais conhecida e expandida no senso comum. Ela configura o núcleo central da representação de justiça e, como dissemos, possui raízes históricas ideologicamente profundas que permeiam os discursos e as práticas políticas da democracia moderna; igualdade de direitos dos cidadãos.

Assim poderíamos construir um quadro onde a interseção do justo com o igual resultaria no critério da igualdade, enquanto que a interseção do justo com o desigual resultaria nos critérios da equidade e da necessidade.

	IGUAL	DESIGUAL
JUSTO	IGUALDADE	EQUIDADE E NECESSIDADE
INJUSTO	IGUALDADE INJUSTA	DESIGUALDADE

Podemos continuar tentando imaginar o que seria a interseção do injusto com o igual. Essa ideia nos parece mais difícil, pois ela não participa das teorias do senso comum. Como o núcleo das representações sociais sobre a justiça é composto pela igualdade, fica contraditório imaginarmos algo que seja injusto e igual. No entanto, se examinarmos com cuidado, podemos teorizar que quando tratamos com igualdade duas pessoas ou dois grupos desiguais, poderemos caracterizar algumas injustiças. Isso acontece quando ignoramos as diferenças entre as pessoas e consideramos os ganhos como fruto apenas do mérito pessoal. Podemos desconsiderar as diferenças individuais como as deficiências físicas. Podemos desconsiderar as diferenças de oportunidade que as pessoas tiveram no transcorrer da vida, as diferenças de acesso aos bens e ao conhecimento. Ou seja, quando utilizamos a igualdade nos casos em que seria mais justo utilizar o critério da necessidade, partindo do pressuposto que algumas pessoas têm necessidades ou vivem situações especiais. Ou quando seria mais justo utilizarmos a equidade, considerando as diferenças de esforço, de responsabilidade entre outros. Portanto, através da igualdade também podemos promover a injustiça, embora isso não seja muito fácil perceber.

No caso do injusto e desigual temos novamente uma ligação bem utilizada pelo senso comum. Ela caracteriza o que mais facilmente sentimos como injustiça, como nos casos de tratamento desigual por parte de um juiz nos processos de justiça. Ou na desigualdade social que aumenta a diferença da qualidade de vida entre os mais ricos e os mais pobres. Ou na punição desigual de duas pessoas que infringiram a mesma regra.

Em 2007, fizemos um estudo em estudantes brasileiros e franceses a fim de investigar a estrutura das representações sociais de justiça e de injustiça. Obtivemos resultados muito semelhantes nos dois países, que podem ser resumidos assim: o núcleo central das representações sociais da justiça social é composto pela igualdade, enquanto que o núcleo central das representações sociais da injustiça social é composto pela desigualdade.

Para simplificar, podemos dizer que a igualdade é aquilo que as pessoas consideram como essencial às concepções de justiça social e a desigualdade é essencial às concepções de injustiça social. E esse foi o segundo indício que nos levou a considerar a importância da relação entre essas duas oposições temáticas.

Em resumo, percebemos que há uma forte relação entre a dupla de termos justiça-injustiça e a outra dupla igualdade-desigualdade. Essa relação organiza uma estrutura de pensamento como demonstramos no quadro anterior. Isso significa que ela organiza os raciocínios que as pessoas utilizam para avaliar se uma situação é justa ou injusta.

CONCLUSÃO

Enfim, podemos dizer que no âmago das concepções de justiça do homem do século 21 está o entrelaçamento dessas duas oposições temáticas, justiça-injustiça com a igualdade-desigualdade.

Voltemos ao primeiro capítulo sobre a teoria da privação relativa. Ela não é considerada uma teoria de justiça, mas mesmo assim tem o embrião da ideia da igualdade, pois essa pressupõe a comparação. Para saber se existe igualdade é preciso comparar. A teoria da privação relativa estabelece que a satisfação das pessoas com suas recompensas vai depender das comparações que as pessoas fazem. Portanto, as pessoas sempre buscam a comparação com outras pessoas ou com outras situações, do passado ou do futuro, buscando ser ou viver algo igual ou desigual de seu ponto de referência.

Voltemos ao segundo capítulo que trata das ondas de investigações da psicologia sobre a justiça. A justiça distributiva, conhecida como a primeira onda de pesquisas em psicologia da justiça, é totalmente organizada em termos de igualdade e desigualdade, e também em termos de justiça e injustiça, como demonstramos anteriormente, no último quadro do capítulo anterior. O sentimento de injustiça aparece principalmente quando há uma conjunção da injustiça com a desigualdade. E o conforto psicológico promovido pela sensação de justiça aparece principalmente quando há uma conjunção entre a justiça e a igualdade.

Ainda no mesmo capítulo, tratamos da justiça procedural. No âmbito da justiça procedural, que ficou conhecida como a segunda onda de pesquisas, também haverá um sentimento de injustiça quando houver desigualdade nos procedimentos. Como vimos, as pessoas ficam atentas às ações dos responsáveis pelas decisões e avaliam se estão sendo tratadas com respeito e, sobretudo, com igualdade em relação aos demais. Elas comparam o processo que estão vivendo com os processos de outras pessoas. Elas conversam, trocam opiniões, informações e formam uma atitude em relação aos procedimentos, as decisões e também a respeito das autoridades responsáveis. Por isso elas vão dizer que um juiz foi imparcial, ou seja, deu um tratamento igual às duas partes. Elas podem também dizer que um juiz foi parcial, e, nesse caso, significa que o juiz deu um tratamento desigual entre as duas partes.

Tanto faz se o processo de decisão inclui ou não a retribuição ou a punição, que, como vimos, é a mais recente onda de pesquisas em psicologia da justiça. A comparação em termos de igualdade ou desigualdade vai ser a mesma, o réu vai se comparar com os demais para avaliar se sua punição recebida é igual ou não.

Podemos dizer que isso acontece em todos os níveis de análise utilizados pela psicologia, como vimos no quarto capítulo. Isso acontece em nível intraindividual, pois as pessoas vão ter seus padrões preferenciais de comparação, que no fundo são expressões de seus valores (quinto capítulo). Os valores de cada pessoa são organizados hierarquicamente, ou seja, existem valores que são mais importantes para o indivíduo. Por isso prevalecem nas situações em que há um conflito entre dois ou mais valores.

Mas no âmago dessas comparações estão os níveis interpessoal e intergrupal, pois as pessoas vão se comparar com outras pessoas ou com outros grupos. Neste caso, as pessoas vão chegar à conclusão que houve justiça e igualdade, ou que houve injustiça e desigualdade, fazendo comparações que têm como ponto de referência os valores de seu grupo que são compartilhados com os outros membros do grupo.

Mas esses valores não são recentes, eles já estão fazendo parte da história dos homens há muito tempo. Foram ensinados e transmitidos de geração em geração e alguns são essenciais à continuidade da humanidade e por isso são universais. Entre esses valores estão os valores da justiça, que, como vimos, tem uma história muito longa. Vimos também que o valor "justiça" foi aliado ao valor "igualdade" a partir do século XVIII.

Mas, como vimos no capítulo 5, as concepções de justiça não se restringem aos valores, ela se estende nas crenças, nas atitudes, nas opiniões, nas representações sociais, nas ideologias e nas normas. Elas formam uma cadeia complexa de possibilidades de combinações quase infinitas como um caleidoscópio. Como descrevemos na arquitetura do pensamento social, temos na origem de tudo as ideias geradoras, que são as tematas justiça-injustiça e igualdade-desigualdade, que se desdobram em múltiplas possibilidades de conjuntos. Assim, essas ideias geram crenças que se combinam com determinados valores, que, por sua vez, geram representações sociais. Essas representações geram diferentes atitudes e opiniões, que em acordo com algumas normas, vão acabar por definir práticas. Outras múltiplas combinações como essa são possíveis e, portanto, podem ser usadas para definir o comportamento e as opiniões das pessoas frente a um objeto ou a uma situação.

É o caso, como vimos, das promulgações das novas leis que se chocam com práticas de alguns grupos sociais (capítulo 4). São como combinações do caleidoscópio que se chocam, ou, podemos dizer, que são teorias do senso comum diferentes, porque são interpretações próprias de um grupo social a respeito de um objeto ou de uma situação. O fundamento dessas teorias são os mesmos, mas suas aplicações diferem segundo os grupos sociais.

Enfim, as concepções de justiça do homem do século XXI não podem ser compreendidas sem a plena consciência da complexidade do pensamento social. De um lado, existem as concepções antigas e praticamente imutáveis, mas de outro lado existem as concepções em mudança constante e também variável de grupo para grupo.

Mas essa complexidade não pode impedir as aplicações dessas recentes descobertas da ciência da psicologia a fim de aprimorar a qualidade de vida do ser humano. Muitas teorias expostas nesse livro podem ser aplicadas, sobretudo no poder judiciário que deve se preocupar não apenas em julgar e em aplicar as leis, mas em fazê-lo através de processos que provocam um maior conforto psíquico nas pessoas envolvidas e na sociedade, tentando evitar que as pessoas se sintam injustiçadas. Pois a partir disso a legitimidade das autoridades pode aumentar e consequentemente aumentará também o comportamento pró-social dos cidadãos.

Compreender as concepções de justiça das pessoas é essencial porque esses sentimentos positivos ou negativos provenientes das questões de justiça são determinantes na vida das pessoas, dos grupos e da sociedade.

BIBLIOGRAFIA

ABRIC, J. C. (2003). Abordagem estrutural das representações sociais: desenvolvimentos recentes. In: Pedro Humberto F. Campos, Marcos Correa da S. Loureiro (Orgs.). *Representações Sociais e Práticas Educativas*. Goiânia: Editora da UCG.

ABRIC, J. C. ; TAFANI, E. (1995). Nature et fonctionnement du noyau central d'une représentation sociale: la représentation de l'entreprise. *Les Cahiers Internationaux de Psychologie Sociale*, n. 28, p. 22-31.

ADAMS, J.S.(1965). Inequity in social exchange. In: L. Berkowitz (Ed.). *Advances in Experimental Social Psychology*. V. 2, New York: Academic Press, p. 267-299.

ADORNO, T. W. (1950). *The authoritarian personality*. New York: Norton.

AIKEN, L. R. (2002). *Attitudes and related psychological constructs*. London: Sage Publications.

ASSMAR, E. M. E. (2000). *A psicologia social e o estudo da justiça em diferentes níveis de análise*. Psicol. Reflex. Crit. v. 13, n. 3, p. 1-12.

ASSMAR, E. M. E. (1997). *A experiência de injustiça na vida diária:* uma análise preliminar em três grupos sociais. Psicol. Reflex. Crit. v. 10, n. 2, p. 1-14.

BEAUVOIS, J. L.; DUBOIS N. (2003). Croyances internes et croyances externes. In: Moscovicci, S. *Psychologie sociales des relation à autri*. Paris: Nathan.

________; DOISE, W. (1999). La construction sociale de la persone. *La psychologie sociale*. Presses universitaires de Grenoble.

BILLIG, M. (1991). *Ideology and opinions:* studies in rhetorical psychology. London: Sage.

________ *et al.* (1988) *Ideological dilemmas*. A Social Psychology of everyday thinking. Londres: Sage.

BOSS, K. V. D; VERMUNT, R.; WILKE, H. A. M. (1996). The consistency rule and voice effect: the influence of expectations on procedural fairness judgements and performance. *European Journal of Social Psychology*, v. 26, p. 411-428.

CAMINO, L.; TROCCOLI, B. (1982). *Categorization of violence:* the belief in just world and political activism. *Manuscrito UFPb*, João Pessoa, Pb.

CHIU, C. C. (1990). Distributive justice among Hong Kong chin. College Students. *The Journal of Social Psychology*. 130 (5), p. 649-656.

CLARK, M. S.; and CHRISMAN, K. (1994). Resourse allocation inintimate relationships. In: A. L. Weber and Mills, J. H. HARVEY (Ed.). *Perspectives on close relationships*. Boston: Allyn and Bacon, Inc, p. 176-192.

CREMER, D.; STINGLHAMBER, F.; EISENBERGGER, R. (2005). Effects of own versus other's fair treatment on positive emotions: a field study. *The Journal of Social Psychology*, 145(6), p. 741-744.

DECONCHY, J. P. (1999). Psychologie sociale des processus idéologiques. In: BEAUVOIS, J. L.; DUBOIS, N.; DOISE, W. La construction sociale de la persone. *La psychologie sociale*, presses universitaires de Grenoble.

DOISE, W; SPINI, D. (2003). Unité et diversité dans les comparaisons entre cultures. In: S. Moscovicci & Buschini, F. (Ed.). *Les méthodes en sciences humaines*. Paris: Presses Universitaires de France.

DOISE, W. (2002). Da psicologia social a psicologia societal. *Psicologia:* Teoria e Pesquisa, 18, p. 27-35.

________. (2001). Atitudes e representações sociais. In: D. Jordelet (Eds.). *As representações sociais.* Rio de Janeiro: Uerj.

________, CLEMENCE, A., & LORENZI-CIOLDI, F. (1993). *The quantitative analysis of social representations.* Hempel Hempstead: Harvester Wheatsheaf.

DUBET, François (2006). *Injustices, l'expérience des inégalités au travail.* Paris: Éditions du Seuil.

FARR, R. M. (2001). *As raízes da psicologia social moderna,* 4. ed. Rio de Janeiro: Vozes.

FISKE, A. P. (1993), *Structures of social life,* New York: The Free Press.

FLAMENT, C.; ROUQUETTE, M. L. (2003) *Anatomie des idées ordinaires.* Comment étudier les representations sociales. Paris, Armand Colin.

FOA, U. G.; CONVERSE, J.; JR, TORNBLOM, K. Y.; and Foa, U. G. (Eds) (1993). *Resource theory explorations and applications.* New York: Academic Press.

FORSÉ, M.; PARODI, M. (2006). *Justice Distributive.* La hiérarchie dês príncipes selon lês Europééns. Revue de l'OFCE98.

FURNHAM, A. (1985). Just world beliefs in an unjust society: A cross cultural comparison. *European Journal of Social Psychology,* 15, p. 363-366.

________, PROCTER, E. (1989). Belief in a just world: review and critique of the individual difference literature. *British Journal of Social Psychology,* 28, p. 365-384.

________. (1992). Just world beliefs in twelve societies. *The Journal of Social Psychology.* 188(3), p. 317-329.

________. (2003). Belief in a just world: research progress over the past decade. *Personality and Individual Differences,* 34, p. 795-817.

GOUVEIA-PEREIRA, M. ; VALA, J.; PALMONARI, A.; RUBINI, M. (2003) School experience, relational justice and legitimation of institucional. *European Journal of Psychology of Education.* v. XVIII, n. 3, p. 309-325.

GUIMELI, C. (2003). *Le modèle des Schèmes Cognitifs de Base* (SCB). Méthode et applications. In: J-C Abric (Ed.). *Méthodes d'étude des représentations sociales.* Ramonville Sainte Agne, Editions érès, p. 119-146.

________. (coord.) (1994). Structures et transformations des représentations sociales. Texte de Base en *Sciences sociales.* Paris : Delachaux et Niestlé.

GUIMELLI, C. (1994). Pratiques nouvelles, transformations des représentations sociales et schèmes cognitifs de base. In: C. Guimelli (Ed.). *Structure et transformations des représentations sociales.* Neuchâtel, Delachaux et Niestlé. p. 171-198.

________. & Rouquette, M-L. (2004). Etude structurale de la relation d'antonymie entre deux objets de représentations sociale : la sécurité et l'insécurité. *Psychologie et societé,* (1), p. 71-87.

________. & Rouquette, M-L. (1992). Contribution du modèle des schèmes cognitifs de base à l'analyse structurale des représentations sociales. *Bulletin de psychologie,* 45(405), p. 196-202.

HDR. Relatório de Desenvolvimento Humano 2007/2008. Combater as alterações climáticas: Solidariedade humana num mundo dividido. Disponível em: <http://hdr.undp.org/en/media/hdr_20072008_pt_complete.pdf>.

JARSPARS, J. M. F. and FRASER, C. (1984). Attitudes and social representations. In: R. M. Farr and Moscovicci (Ed.). *Social Representations,* p. 101-23. Cambrigde: Cambridge University Press.

JODELET, D. (2001). Representações sociais: um dominio em expansão. In: D. Jordelet (Org.). *Representações sociais.* Rio de Janeiro: Ed da UERJ.

JOULE, R. V. (2000). La soumission librement consentie: le changement des attitudes e des comportements sociaux. In Moscovicci, S. *Psychologie sociales des relation à autri.* Paris: Nathan.

KASHIMA, Y.; SIEGAL, M.; TANAKA, K.; ISAKA, H. (1988). Universalism in lay conceptions of distributive justice: a cross-cultural examination. *International Journal of Psychology,* 23, p. 51-64.

KITZMANN, K.M.; EMERY, R. E. (1993). Procedural justice and parents'satisfaction in a field study of child custody dispute resolution. *Law and Human Behavior,* 19, 6, p. 545-567.

KRECH, D.; CRUTHFIELD, R. S.; BALLACHEY, E. L. (1975). A natureza e a mensuração de atitudes. In: KRECH, D.; CRUTHFIELD, R. S.; BALLACHEY, E. L. *O indivíduo na sociedade*: um manual de psicologia social. (3 ed). São Paulo: Pioneira.

KRUGER, H. (1986). *Introdução à psicologia social*. São Paulo: Pedagógica Universitária.

LERNER, M. J. (1974). The justice motive: "Equity" and "parity" among children. *Journal of Personality and Social Psychology*, 1974, 29, p. 539-550.

LEVENTHAL, G. S. (1980). What should be done with equity theory? New approaches to the study of faieness in social relationship. In: GERGEN, K.J.; GREENBERG, M.S.; WILLS, R.H. (Ed.). *Social Exchange. Advanced in theory and research*. Plenum Press, New York, 27-55.

LIMA, M. L. P. (1996). Atitudes. In: J. VALA & M. B. MONTEIRO (Eds.). *Psicologia Social* (2 ed.). Lisboa: Fundação Calouste Gulbenkian.

MARKOVÀ, I. (2007). *Dialogicité et Representations sociales*. Paris: Presses Universitaires de France.

MILLER, J. G.; BERSOFF, D.M. (1992). Culture and moral judgements: how conflicts between justice and interpersonal responsibilities resolved? *Journal of Personality and Social Psychology*, 62, p. 541-554.

MIKOULA, G. (1984). Justice and fairness in interpersonal relation: thoughts and suggestions. In H. Tajfel (ed). *The social dimension*. v. 2. Cambridge: Cambridge University Press.

MOLINER, P. (1994). Les deux dimensions des représentations sociales. *Revue Internationale de psychologie Sociale*, 2, p. 73-86.

________ (2001). Formation et stabilisation dês représentations sociales. In: Moliner, P. (2001). *La dynamique des représentations sociales*. Grenoble: Presses Universitaires de Grenoble.

MOLINER, P.; TAFANI, E. (1997). Attitudes and social representations: a theoretical and experimental approach. *European Journal of Social Psychology*, v. 27, p. 687-702.

MOSCOVICCI, S. (2003). *Representações Sociais:* Investigações em psicologia social. Rio de Janeiro. Vozes:
________. (1978). *A representação social da Psicanálise*. Rio de Janeiro: Zahar.

MOSCOVICCI , S. & VIGNAUX, G; (1994). Lê concept de themata. In: C Guimelli (Ed.). *Structures et transformations des representations*. Lausanne, Delachaux et Niestlé, p. 25-72.

OLSON, J. M.; ZANNA, M. P. (1993). Attitudes and attitude change. Annu. *Rev. Psychol.*, 44, p. 117-154.

PEREIRA, Cícero; TORRES, Ana Raquel Rosas e ALMEIDA, Saulo Teles. Um estudo do preconceito na perspectiva das representações sociais: análise da influência de um discurso justificador da discriminação no preconceito racial. *Psicol. Reflex. Crit.* [online]. 2003, v. 16, n. 1 [citado 2008-09-09], p. 95-107.

PNUD (2005). *Rapport mondial sur le développement humain 2005*. Paris: Econômica.

ROKEACH, M. (1973). *The nature of humam values*. New York: Free Press.

ROUQUETTE, M. L. (2005). Sobre uma categoria específica de representações sociais em psicologia política. In: OLIVEIRA, D. C. ; CAMPOS, P. H. F. *Representações sociais, uma teoria sem fronteiras*. Rio de Janeiro: Museu da República. p. 185-190.

________. (2003). La matiere Historique. In: S. MOSCOVICCI & BUSCHINI, F. (Ed.). *Les méthodes en sciences humaines*. Paris: Presses Universitaires de France.

________. (2002). *Pensé sociale et problèmes de société*. n. 1, p. 99-102.

________. (1999). Article représentations sociales. In: H. Bloch (Ed.). *Grand dictionnaire de la psychologie*. 2. ed. Paris: Larousse.

________. (1998). *La chasse à l'immigré*. Belgique; Pierre Mardaga.

________. (1994). *Sur la conaissance dês masses*. Essai de psychologie politique. Grenoble: Presses Universitaires de Grenoble.

________. (1988). *La psychologie politique*. Paris: Presses Universitaires de France.

________. (1994). Une classe de cognèmes pour l'analyse des relations entre cognèmes. In: C. GUIMELLI (Ed.). *Structures et transformations des représentations sociales*. Neuchâtel, Delachaux et Niestlé. p. 153-170.

________. (1973). La pensé sociale. In: S. Moscovicci (Ed.). *Introduction a la psychologie sociale*, t. 2, p. 229-327. Paris: Larousse.

________. & Rateau, P. (1998). *Introduction à l'étude des représentations sociales*. Grenoble: Presses Universitaires.

ROUX, P.; CLEMENCE, A. (1999). Schème de raisonnement dans la justice sociale. In: J. L. BEAUVOIS, N. DUBOIS et W. DOISE (Eds.). *La construction sociale de la personne*. Grenoble: Presses Universitaires, p. 103-112.

RUBIN, Z.; PEPLAU, L. A. (1973). Who believes in a just world? *Journal of Social Issues*, 31, p. 65-89.

SÁ, C. P. (1996). *Núcleo Central das Representações Sociais*. Petrópolis: Vozes.

SCHLENKER, B. R.; MILLER, R. S. (1997). Egocentrism in groups. *Journal of personality and social psychology*, 35, p. 755-764.

SCHWARTZ, S. H. (1992). Universals in the content and structure of values: Theoretical advances and empirical tests in 20 countries. Dans M. P. Zanna (Ed.). *Advances in experimental Social Psychology*, v. 25. San Diego: Academic Press.

SELIKTAR, O. (1986). Identifying a society's belief system. In: Margaret Herman (Org.). *Political Psychology Comtemporary Problems and Issues*. San Francisco: Jossey Bass.

SHIMIZU, A. M.; MENIN, M. S. D. S. (2004). Representações sociais de lei, justiça e injustiça: uma pesquisa com jovens argentinos e brasileiros utilizando a técnica de evocação livre de palavras. *Estud. Psicol.* v. 9, n. 2, p. 1-14.

STOETZEL, J. (1983). *Les valeurs du temps présent:* une enquête européenne. Paris: Presses Universitaires de France.

STOUFFER, S. A.; SUCHMAN, E. A.; DE VINNY, L. C.; STAR, S. A.; WILLIAMS, R. A., Jr. (1949). *The American Soldier: Adjustment during army life* (vol 1). Princeton: Princeton University Press.

TAFANI, E.; SOUCHET, L. (2001). Changement d'attitude et dynamique représentationnelle. In: Moliner, P. (2001). *La dynamique des représentations sociales*. Grenoble: Presses Universitaires.

TATA, J. (2000). Influence of role and gender on the use of distributive versus procedural justice principles. *The Journal of Psychology*. 134 (3), p. 261-168.

THIBAUT, J.; WALKER, L. (1975). *Procedural justice: a psychological analysis*. HILLSDALE, N.; J: Lawrence Erlbaum.

THURLER, Ana Liési. Paternidade e deserção. Crianças sem reconhecimento, maternidades penalizadas pelo sexismo. *Tese não publicada*. Brasília: UnB, 2003.

TYLER, T. R.; BOECKMANN, R. J.; SMITH, H.J.; HUO, Y.J. (1997). *Social justice in a diverse society*. Oxford: Westview Press.

________. (2000). Social Justice: Outcome and Procedure. *International Journal of Psychology*, 35(2), p. 117-125.

________. Blader, S. L. (2003). The group engagement model: procedural justice, social identity and cooperative behavior. *Personality and Social Psychology Review*. v. 7, n. 4, p. 349-361.

TURIEL, E. (1983). *The development of social knowledge:* morality and convetion. New York: Cambridge University Press.

VALA, J. (1996). Representações sociais — para uma psicologia social do pensamento social. In: J. Vala & M. B. Monteiro (Eds.). *Psicologia Social* (2 ed.). Lisboa: Fundação Calouste Gulbenkian.

VERGÉS, P. (1992). L'évocation de l'argent. Une méthode pour la définition du noyau central d'une représentation. *Bulletin de psychologie*, 405, p. 203-209.

________. (1994). Approche du noyau central: propriétés quantitatives et structurales. In: C. Guimelli (Ed.). *Structures et transformations des représentations sociales*. Neuchâtel, Delachaux et Niestlé. p. 233-154.

STAHL, T.; PROOIJEN, J. W. V.; VERMUNT, R. (2004). On the psychology of procedural justice: reactions to procedures of ingroup vs. outgroup authorities. *European Journal of Social Psychology*. p. 34, 173-189.

WITT, A. L. (1990). Equal Oportunity Perceptions and Jobs Attitudes. *The journal of Social Psychology*. 131(3), p. 431-433.

Produção Gráfica e Editoração Eletrônica: **FAMA EDITORA**
Capa: **ELIANA C. COSTA**
Impressão: **COMETA GRÁFICA E EDITORA**